?

'어떻게 보느냐'가 '어떤 세상인가'를 결정한다

라면ㄴ
교야ㅇ

영어를 잘하면 우리는 행복해질까?

초판 1쇄 발행 2009년 3월 2일
초판 9쇄 발행 2017년 11월 1일

지은이 문강형준
펴낸이 고영은 박미숙

편집이사 인영아 ㅣ 뜨인돌기획팀 이준희 박경수 김정우 이가현
뜨인돌어린이기획팀 조연진 임솜이 ㅣ 디자인실 김세라 이기희
마케팅팀 오상욱 여인영 ㅣ 경영지원팀 김은주 김동희

펴낸곳 뜨인돌출판(주) ㅣ 출판등록 1994.10.11.(제406-251002011000185호.)
주소 10881 경기도 파주시 회동길 337-9
홈페이지 www.ddstone.com ㅣ 블로그 blog.naver.com/ddstone1994
페이스북 www.facebook.com/ddstone1994
대표전화 02-337-5252 팩스 031-947-5868

ⓒ 문강형준, 2009

ISBN 978-89-5807-238-6 04300
ISBN 978-89-5807-236-2 (세트)
(CIP제어번호 : CIP2010001520)

영어, 미국화, 세계화 사이의 숨은 그림 찾기

영어를 잘하면 우리는 행복해질까

문강형준 지음

뜨인돌

• 차례

피터 브뤼겔Peter Bruegel의 〈바벨탑〉, 1563

언어에 관한 가장 오래된 이야기 중 하나는 아마 『성경』에 나오는 바벨탑 이야기가 아닐까 싶습니다. 「창세기」에 따르면 대홍수 뒤의 사람들은 한 가지 언어를 썼다고 합니다. 말이 통하므로 이들은 쉽게 뜻을 모아 하늘까지 닿는 높은 탑을 쌓아 흩어지지 않고 뭉치려고 했지요. 하지만 신은 인간이 자신에게 도전하는 것을 원하지 않았기 때문에 언어를 혼잡케 함으로써 이들을 흩어 버립니다.

땅 위의 모든 사람들이 한 가지 언어를 쓰던 때의 이야기입니다. 사람들이 동쪽으로 옮겨 가다가 시날 땅에서 평야를 발견하고 그곳에 정착했습니다. 그들이 서로 말했습니다.
"벽돌을 만들어 단단하게 굽자."
그들은 돌 대신 벽돌을 쓰고, 흙 대신 역청을 썼습니다. 그들이 또 서로 말했습니다.
"자, 우리의 성을 세우자. 그리고 꼭대기가 하늘까지 닿는 탑을 쌓자. 그래서 우리 이름을 널리 알리고, 온 땅에 흩어지지 않도록 하자."
여호와께서 사람들이 쌓고 있는 성과 탑을 보려고 내려오셨습니다. 여호와께서 말씀하셨습니다.
"이 사람들은 한 백성이고, 언어도 같다. 그래서 이런 일을 시작하였는데, 이는 그들이 하려는 일의 시작에 불과하다. 그들은 하려고만 하면 어떤 일이든지 할 수 있을 것이다. 그러니 내려가서 그들의 언어를 뒤섞어 놓자. 그리하여 그들이 자기들끼리 하는 말을 전혀 알아듣지 못하게 하자."
그래서 여호와께서는 사람들을 온 땅 위에 흩어 놓으셨습니다. 그때부터 인간은 성 쌓는 일을 그만두었습니다. 여호와께서 온 땅의 언어를 그곳에서 뒤섞어 놓으셨으므로, 그곳의 이름은 바벨이 되었습니다.

「창세기」 11장 1-9절

'영어의 시대'에 던지는 질문들

이 흥미로운 태초의 신화에서 같은 언어를 쓰는 인간들이 맨 처음 한 일은 "꼭대기가 하늘까지 닿는 탑을 쌓"고 "이름을 널리 알리"는 일입니다. 고대의 많은 건축물들이 그렇듯 엄청난 규모의 탑이나 무덤은 그것을 소유한 자들의 권위를 영원히 드높이고자 하는 목적을 가졌지요. 「창세기」의 인간들 역시 자신들의 뛰어난 기술을 통해 높은 탑을 쌓고, 함께 모임으로써 신에 버금가는 존재가 될 수 있다고 믿었던 것 같습니다.

『성경』에 따르면 신과 같은 존재가 되고 싶어하는 인간의 욕망은 이미 최초의 인간에게서부터 드러나고, 그것이 인류의 '원죄'가 되었습니다. 에덴동산에서 모든 것을 누리며 안락하게 살 수 있었던 최초의 인간 아담과 하와가 신이 금지한 선악과를 따 먹은 것이 '죄'였습니다. 그들이 선악과를 따 먹은 이유는 과일을 먹고 "눈이 밝아지면 선과 악을 알게 되어 너희가 하나님과 같이 될" 수 있다는 뱀의 유혹 때문이었습니다(「창세기」 3장 5절). 이미 인간들의 이런 욕망을 알고 있었던 신이 바벨탑을 가만둘 리가 없겠지요. 신은 대홍수 때처럼 바벨탑을 물로 쓸어버리는 대신 인간들의 언어를 뒤섞는 방법을 택합니다. 서로 말이 통하지 않게 된 인간들은 공사를 진행할 수 없어서 결국 탑 세우기를 포기하고, 말이 통하

혼란 babel은 어디에서 왔나

히브리어로 '바벨(בבל)'은 '혼란'이라는 뜻으로, 「창세기」 11장에 등장하는 '바벨탑'의 어원이다. 「성경」에 따르면 이 바벨탑이 세워졌던 곳은 '바빌론 Babylon'이고, 역사적으로 바빌론은 메소포타미아 지역의 도시(현재의 이라크 바그다드 남쪽)였다. 오늘날 영어에서 babel은 '여러 언어와 소리로 혼란스러운 상황이나 장소'를 일컫는 명사로 사용된다.

는 사람들끼리 모여 세계 곳곳으로 흩어지게 되었다고 합니다. 그렇게 해서 남겨진 것이 '바벨탑'이야기지요. 영어에서 '바벨 babel'이라는 단어는 동시에 여러 가지 언어들이 섞여서 사람들이 서로의 말을 이해하지 못하는 상황을 일컫습니다.

'바벨탑' 이야기에서 드러나는 두 가지 사실이 있습니다. 첫째, 언어는 기본적으로 소통의 도구라는 점입니다. 신은 바벨탑을 무너뜨리는 대신 언어를 뒤섞어 인간들 사이의 소통을 불가능하게 함으로써 제2, 제3의 바벨탑을 세우려는 시도를 원천적으로 봉쇄한 것입니다. 둘째, 언어가 단순한 소통의 도구를 넘어서 언제나 권력과 관계를 맺고 있다는 점입니다. 같은 언어를 사용해 힘을 얻으려는 인간과 언어로써 그들을 통제하려는 신의 이야기를 통해, 우리는 태초부터 권력을 놓고 힘겨루기를 하는 인간과 신의 모습을 볼 수 있습니다. 그 권력 다툼의 과정에서 가장 중요한 요소는 벽돌도, 역청도 아닌 언어였습니다.

「창세기」의 신은 언어를 뒤섞어 놓음으로써 바벨탑을 일단 미완성으로 만들었지만, 같은 언어를 통해 원활히 소통하려는 인간의 시도는 이후로도 끊이지 않고 이어집니다. 페르시아 제국의 언어였던 아람어, 중국·일본·한국을 포함한 동아시아의 국제어로 군림했던 한문, 그리스의 언어로 지중해와 중앙아시아에서 널리 쓰인 그리스어, 로마 제국의 언어로 유럽 전역에서 고루 쓰였던 라틴어, 사라센 제국의 언어로 이슬람권의 공용어였던 아랍어, 근대 유럽의 외교 언어였던 프랑스어 등은 비록 전 세계를 아우르지는 못했지만 너른 지역에 걸쳐 국가와 민족을 초월하여 사람들끼리의 소통을 가능하게 했던 언어들입니다. 이런 언어들을 일컬어 국제어international language라고 하지요.

국제어가 넓은 지역에서 소통의 도구로 쓰이기는 했어도 특정 지역의 벽을 뛰어넘지 못한 언어라면, 세계어global language는 전세계 대부분의 인류가 의사소통의 수단으로 사용하는 언어입니다. 위에서 언급한 국제어들을 비롯하여 인류 역사상 그 어떤 거대 언어도 지금껏 세계어의 지위에 오른 적이 없습니다. 그러다가 세계어라고 할 만한 언어가 제2차 세계대전 이후 오늘날에 이르는 50년 동안 급부상했으니, 그 언어, 21세기 새로운 '바벨탑의 언어'가 바로 영어English입니다.

정치학 용어 중에 '패권'이라는 말이 있습니다. 패권이란 다른 국가들보다 월등하게 큰 힘을 가지고 있는 한 국가로 하여금 상대 국가가 어떤 영향을 받을 것인가는 상관없이 패권의 이익에 따라서 행동하게 만드는 권력을 말합니다(김준형, 2008). 오늘날의 패권국가는 미국이라는 데 모두 동의하실 겁니다. 그런데 만약 언어에도 패권이 있다면, 그래서 '패권언어'라고 할 만한 언어가 있다면 그것은 뭘까요? 역시 오늘날의 패권언어는 영어라는 데 모두 동의하실 겁니다. 영어를 모어母語로 쓰고 있지 않는데도 사람들이 영어를 배우는 데 공을 들이는 이유는 영어를 통해서 얻을 수 있는 이익이 크다고, 즉 영어를 잘하면 잘살 수 있다고 믿기 때문입니다. 지구상 많은 사람들이 영어를 배우고 있고, 우리가 알다시피 한

모어, 모국어, 국어

모어, 모국어, 국어는 흔히 같은 뜻으로 혼용되고 있지만, 서로 조금씩 다른 의미가 있다. '모어母語'는 'mother tongue'의 번역어로 '어머니로부터 배운 말'이라는 뜻이다. 즉 사람이 태어나 자라면서 부모로부터 자연스럽게 배우는 언어를 가리키는 말이다. 예컨대, 한국인들의 모어는 한국어이다. 이에 비해 '모국어母國語'와 '국어國語'는 '모어'의 의미를 가지면서도 '국가'의 역할을 강조하는 민족주의적인 단어다. 가령, 미국에서 태어나 어려서부터 영어만을 배운 한국계 미국인이라면 그의 모어는 영어겠지만, 모국어는 한국어이다. 국어는 '한 국가가 표준 언어로 정한 언어'를 말한다. 여러 언어를 쓰는 다양한 민족이 한 국가를 이룰 때, 모어와 국어가 달라질 수 있다. 한국에서 태어나 자란 한국인의 경우, 모어, 모국어, 국어는 모두 공히 한국어이다. 언어는 어디까지나 국가가 가르치기 전에 어머니로부터 배운다는 점으로 미루어볼 때, 나면서부터 배운 언어는 국가가 강조되는 모국어나 국어보다는 모어로 부르는 것이 옳다.

국에서도 1990년대 이후 영어, 그것도 실용 영어를 배우는 사람들의 열기가 뜨겁습니다. 이제는 뜨겁다 못해서 아직 한국어도 잘 못하는 어린 아이들이 외국에 가서 영어를 배우는 일까지 벌어지고 있지요. 베스트셀러 목록에는 영어공부법에 관한 책들이 언제나 상위권에 올라가 있고, 영어학원의 강의실은 초등학생부터 직장인에 이르기까지 모든 연령대의 학생들로 넘쳐 나고 있습니다. 이 모든 것이 영어가 언어 세계에서 패권을 가지고 있기 때문인 것으로 보입니다.

그런데 우리는 영어를 하는 데 그렇게 노력을 쏟으면서도 영어가 도대체 무엇인지에 대해서는 별로 생각을 하지 않는 것 같습니다. 마치 고등학생들이 대학에 가려고 밤늦게까지 공부하면서도 대학이 어떤 곳인지, 공부를 한다는 게 무엇인지에 대해 깊이 생각하지 못하는 것처럼 말입니다. 왜 그럴까요? 여러 이유가 있겠지만, 아마 그 길이 너무나 명확해 보

이고, 의심할 여지가 없기 때문이 아닐까 싶습니다. "학생은 공부를 해야 한다"라거나 "영어를 배우면 좋다"라는 말은 마치 하나의 진리처럼 우리 모두가 고개를 끄덕이는 말이 된 것이지요. 하지만 바로 이런 상황이 심각한 문제들을 낳고 있지 않나요? '입시공화국'이나 '영어공화국'이라는 말은 바로 우리가 성찰하지 않고 무조건 공부해서 대학에 가거나 영어 실력을 강조하는 세태 속에서 많은 문제들이 발생하고 있음을 비꼬는 말입니다.

그렇다면 중요한 것은 이러한 영어 열풍 현상의 이면을 차분하게 돌이켜 보는 일일 것입니다. 도대체 이 열풍의 뒤에는 무엇이 있을까? 영어는 어떻게 세계어가 되었을까? 그 과정에서는 어떤 역사적 사건들이 일어났을까? 영어가 세계어가 된 과정은 그저 자연스럽고 자발적이었을까? 혹시 그 속에는 엄청난 힘의 논리가 담겨져 있지 않았을까? 오늘날의 영어 확산은 미국이라는 세계 초강대국과 떨어져서 독립적으로 존재하는 현상인가? 언어가 의사소통 도구 이상의 의미를 갖고 있다면 우리가 영어를 배움으로써 영어에 스며 있는 어떤 정신을 받아들이게 되는 것이 아닐까? 그렇다면 우리는 영어를 배워서 쓰는 일을 가치중립적으로 생각할 수 없지 않을까? 영어를 한국의 공용어로 삼자는 주장에 문제는 없을까? 영어를 잘하는 사람과 못하는 사람 사이의 격차는 어떻게 할 것인가? 그것은 그저 개인의 능력 차이라고 말할 수 있을까? 우리는 왜 갑자기 이렇게 영어에 목을 매고 있을까? 세계화 현상은 한국에서의 영어 열풍과 어떤 관계가 있을까? 만약 세계화에도 여러 문제가 있다면 영어 열풍 현상에도 비슷한 문제점이 존재하지 않을까?

이런 질문을 던지고 그에 대해 답을 찾으려고 하는 순간 현재 우리가 별 생각 없이 휩쓸려 가고 있는 영어 열풍을 되돌아보게 될 것입니다.

'바벨탑' 이야기에서, 또 '패권언어'라는 표현에서도 알 수 있듯, 언어는 언제나 '소통'과 '권력'이라는 두 가지 측면을 동시에 가지고 있습니다. 언어는 우리가 일상생활 속에서 다른 이들과 생각을 교환하는 수단이기도 하면서 우리의 생각, 우리의 가치관과 세계관을 형성하는 힘을 가지고 있습니다. 그런 이유로 인류 역사 속에서 권력을 가진 사람들은 언제나 언어를 자기 뜻대로 장악함으로써 다른 이들을 지배할 수 있었습니다. 언어에 권력의 측면이 없다면 어떤 언어가 되었든 가장 효율적이고 효과적인 언어를 쓰면 될 것입니다. 가령, 일제 시대 때 조선어가 일본어에 의해 말살되지 않도록 지키는 일은 '소통'의 측면에서만 보면 별로 중요한 일이 아니었을 수 있습니다. 조선어이든 일본어이든 말만 통하면 되니까요. 그런 면에서 조선인들에게는 당시 지배국인 일본의 언어를 배우는 것이 성공하는 데 더 유리했을 겁니다. 하지만 우리는 본능적으로 그것이 잘못된 것이라는 점을 알고 있습니다. 다시 말하면, 언어는 단지 소통의 도구만은 아님을 알고 있는 거지요. 그런데도 언어가 어떻게 권력의 도구가 될 수 있는지, 그 역사는 어떠했으며 현재 우리의 상황은 어떤지에 대해서, 즉 언어를 권력의 측면에서 보는 일에는 소홀했던 것도 사실인 것 같습니다.

이 책은 이러한 문제의식을 가지고 영어를 통해서 언어와 권력의 관계를 알아보려는 시도입니다. 제1장에서는 인류 역사 속에서 언어들이 어떻게 사라져 갔는지를 살펴보려고 합니다. 왜 몇몇 주요 언어들을 쓰는 사람이 많아지고 소수언어들은 죽어 가는지, 그 역사적 이유는 무엇인지를 살펴봄으로써 언어와 권력에 대한 큰 그림을 그릴 수 있을 것입니다. 제2장에서는 영어의 역사를 영국과 미국의 제국주의 역사와 함께 알아보고자 합니다. 영어가 어떻게 세계어, 패권언어가 됐는지를 따라가다 보면 그 뒤에는 언어 그 자체의 힘보다 영국과 미국의 정치·경제·문화적 권력이 있었다는 점이 드러날 것입니다. 제3장에서는 무대를 한국으로 옮겨서 오늘날의 영어 열풍 현상과 그 이면을 들여다볼 것입니다. 한국에 영어가 언제 처음 들어왔고, 그 당시 사람들은 무슨 생각으로 영어를 배웠는지, 오늘날 영어 열풍 현상에는 어떤 배경이 있고 어떤 문제점이 있는지를 같이 살펴볼 것입니다. 제4장에서는 다시 영어 문제를 전체적인 맥락 속에서 살펴보려고 합니다. 세계화와 신자유주의가 오늘날 세상을 움직이는 질서이고, 바로 그 속에서 영어가 전지구적으로 확산되고 있으며, 우리 역시 영어 열풍에 시달리고 있다는 점을 그려 보려고 합니다.

싫든 좋든 영어의 홍수 속에서 살아야 하는 것이 우리의 현실인 것은 맞습니다. 그러나 영어의 중요성을 강조하는 많은 이들은 영어가 우리에게 무엇인지에 대해 묻기보다 어떻게 하면 영어를 잘할 수 있는지만 얘기하는 것처럼 보입니다. 이제는 '어떻게'보다 '왜'라는 질문을 던져 보는 것이 중요합니다. '왜'라는 질문을 통해 우리는 영어가 정복해 가는 세상의 모습을 좀 더 비판적으로 보고, 우리에게 지금 필요한 것이 무엇인지 다시 생각해 볼 수 있을 것입니다.

1

언어들이
사라지고 있다

©Frans Devriese

우리는 어려서부터 환경의 중요성에 대해 들으면서 자랐습니다. 남극의 얼음이 녹고 있다거나, 오존층이 파괴되고 있다는 말들, 그리고 그러한 현상이 야기할 수 있는 대재앙의 가능성들에 대해 말이지요. 그런 이야기를 듣고 있노라면 우리 주변에 언제나 존재할 것이라 믿었던 아름다운 자연환경이 어느 순간 사라질 수도 있고, 그 안에 사는 인간 역시 멸종할 수도 있다는 생각을 하게 됩니다. 환경 오염으로 인한 지구 생태계의 급작스런 변화와 그것이 인간에게 가져올 재앙들을 다룬 할리우드 영화들도 늘어났습니다. 가령 〈투모로우The Day After Tomorrow, 2004〉는 급속한 기후 변화로 인해 인류가 다시 빙하 시대를 맞게 된다는 가정을 바탕으로 합니다. 영화 〈미스트The Mist, 2008〉는 군부대가 비밀리에 행한 실험에 의해 거대한 변종 생물이 생겨나고, 인간은 이들로부터 살아남기 위해 사투를 벌인다는 내용을 담고 있습니다. 아무 생각 없이 살다가도 이런 영화나 환경 오염, 생물의 멸종에 관한 다큐멘터리들을 볼 때면, 우리는 환경의 중요성에 대해 다시 한 번 되돌아보게 되지요.

그런데 언어가 사라지거나 소멸하고 있다는 생각을 해본 사람은 몇이나 될까요? 아마 많지 않을 것입니다. 동물이나 식물이 아닌, 우리가 매일 쓰는 언어가 없어질 수도 있다는 생각을 하기란 쉽지 않습니다. 그도 그럴 것이 우리는 태어나서 '엄마' 혹은 '아빠'라는 말을 옹알거리기 시작한 이후로 언제나 언어를 사용하면서 살아왔기 때문입니다. 대한민국 국민 거의 모두가 문제없이 쓰고 있는 한국어가 어떻게 사라질 수 있다는 걸까요? 언어를 쓰는 사람이 사라져야 그 언어도 사라지는 것 아닌가요? 그렇다면 인구가 적은 부족들의 언어는 사라질 수도 있지 않을까요? 그렇다면 소수민족들이 사라지고 있다는 말인가요? 언어가 사라진다는 것은 과연 어떤 의미일까요?

우리가 모르는 언어들

우리가 일본에게 주권을 빼앗겼던 일제 시대를 생각해 봅시다. 당시 일본은 조선뿐 아니라 중국, 동남아시아 전역에 이르는 이른바 '대동아공영권'을 만듦으로써 아시아를 통합하는 대제국이 되려고 했습니다. 이과정에서 일본은 조선인들이 쓰는 말을 없애고 그 자리를 일본어로 대체했습니다. 가령 '창씨개명'과 같은 정책은 조선인들의 이름마저도 일본식으로 바꾸려는 시도였습니다. 하지만 뜻있는 조선인들이 우리말이 일본어로 대체되는 것을 막기 위해 지속적으로 우리말 사전을 펴내고 우리말로 글을 쓰는 일을 게을리하지 않았다는 사실을, 우리는 잘 알고 있습니다.

만약 조선인들이 일본의 정책을 받아들여 일본어를 우리말로 삼았다면 어떻게 되었을까요? 또 일본의 식민통치가 제2차 세계대전에서의 패전과 함께 종결되지 않고 계속되어 우리가 여전히 일본의 식민지로 남아 있다면? 그랬다면 일본이 조선을 공식적으로 집어삼킨 1910년 이래 지금까지 100년이 지나면서 조선말은 한반도에서 완전히 사라지지 않았을까요?

이런 가정을 해본다면 언어가 사라질 수 있다는 주장이 어느 정도 실감

나게 다가올 것입니다. 이처럼 한 나라가 다른 나라를 힘으로 눌러 지배하는 과정에서 언어가 인위적으로 사라지는 경우는 역사적으로 자주 일어났습니다. 하지만 지금 우리가 살고 있는 세상은 식민주의와 제국주의가 지배하는 암울한 시대가 아니지 않나요? 제2차 세계대전이 끝난 이후 식민지 상태에 놓여 있던 수많은 나라들이 독립을 쟁취했으니, 이제는 모든 나라가 자신들의 주권을 가지고 사는 시대가 아닌가요? 이런 상황에서 언어가 어떤 이유로 사라질 수 있다는 말일까요?

우리가 언어의 소멸 현상을 쉽게 상상하지 못하는 가장 큰 이유 중 하나는 아마도 우리가 알고 있는 언어가 그리 많지 않기 때문일 것입니다. 자, 지금 잠깐 시간을 내어 종이에 자신이 알고 있는 언어를 나열해 보세요. 그 수가 몇 개나 됩니까? 한국어, 영어, 일본어, 중국어, 스페인어, 프랑스어, 독일어, 아랍어, 포르투갈어, 벵골어, 힌디어, 베트남어 정도는 적을 수 있을 것입니다. 그러나 세계에서 사용되고 있는 언어의 수는 이보다 훨씬 많습니다. 언어학자들에 따라 조금씩 의견이 다르지만, 세계에는 대략 5,000~7,000개의 언어가 존재하고 있습니다. 전세계 나라의 수가 200개 남짓인데 언어의 수는 그 25~30배에 이릅니다. 우리가 익히 들어서 알고 있는 언어들은 이미 수많은 사람들이 사용하고 있기 때문에 익숙한 것뿐입니다. 다시 말하면, 우리가 전혀 모르는 수천 개의 언어들이 존재하고 있고, 우리가 아는 것은 전체 언어들 중 극히 일부에 지나지 않는다는 말입니다.

적은 수의 사람들만이 사용하는 이런 언어들을 '소수언어'라고 부릅니다. 나이지리아의 소수언어는 몇 개나 될까요? 나이지리아의 공용어는

사용자 수에 따른 상위 20개 언어들

순위	언어	국가	사용자 수
1	중국어·만다린어	중국	8억 8,500만
2	스페인어	스페인	3억 3,200만
3	영어	영국	3억 2,200만
4	벵골어	방글라데시	1억 8,900만
5	힌두어	인도	1억 8,200만
6	포르투갈어	포르투갈	1억 7,000만
7	러시아어	러시아	1억 7,000만
8	일본어	일본	1억 2,500만
9	독일어	독일	9,800만
10	중국어·상하이 지역어	중국	7,717만 5,000
11	자바어	인도네시아	7,550만 800
12	한국어	남북한	7,500만
13	프랑스어	프랑스	7,200만
14	베트남어	베트남	6,766만 2,000
15	텔루구어	인도	6,635만 3,500
16	중국어·광둥어	중국	6,600만
17	마라티어	인도	6,478만 3,000
18	타밀어	인도	6,307만 5,000
19	터키어	터키	5,900만
20	우르두어	파키스탄	5,800만

영어지만, 이 나라에서 사용되고 있는 소수언어들은 자그마치 427개입니다. 카메룬에는 270개, 탄자니아 131개, 오스트레일리아 250개, 멕시코가 240개, 베트남만 해도 86개의 언어들이 존재합니다. 그중에서도 최고는 인도네시아와 파푸아뉴기니로, 각각 670개와 860개의 소수언어들이 있다고 합니다. 언어학을 전공하지 않은 보통 사람들이 흔히 알고 있는 언어의 수가 20개가 채 되지 않는다는 점에 미루어 보면, 지구상에 얼마나 많은 언어가 있는지 짐작할 수 있습니다. 언어들이 사라진다는 말이 우리에게 낯선 이유는 여기에 있을 것입니다. 사라질 위험에 빠져 있고, 실제로 사라지고 있는 언어들은 이 엄청난 숫자의 소수언어들이기 때문입니다. 따라서 도대체 영어가, 스페인어가, 혹은 한국어나 독일어가 어떻게 사라질 수 있다는 말인가, 하는 반응을 보이는 것은 당연합니다.

왼쪽 표는 세계적으로 사용자수가 가장 많은 상위 20개 언어들과 사용인구를 나타낸 것입니다. 표에 따르면, 상위 15개 언어들을 사용하는 인구가 전체 세계 인구의 거의 절반에 가깝습니다. 사용자 수가 많은 언어들을 집계한 연구에 따르면, 사용자 수가 많은 언어 중 상위 100개 정도를 쓰고 있는 인구가 전세계의 90퍼센트라고 합니다. 즉, 세계 인구의 90퍼센트가 100개 정도의 언어를 쓰고 있고, 나머지 10퍼센트 인구가 6,000개 정도의 언어를 사용하고 있다는 말입니다.

그렇다면 우리가 잘 모르는 6,000개의 언어는 어디에 존재하고, 그 언어들을 쓰는 10퍼센트 정도의 사람들은 누구일까요? 다음은 생태인류학자 대니얼 네틀 Daniel Nettle과 언어학자 수잔 로메인 Suzanne Romaine이 언어 사용자의 수를 표시하여 만든 세계 지노입니다.

세계의 언어 밀도 (출처: 네틀, 로메인, 2003, 64쪽)

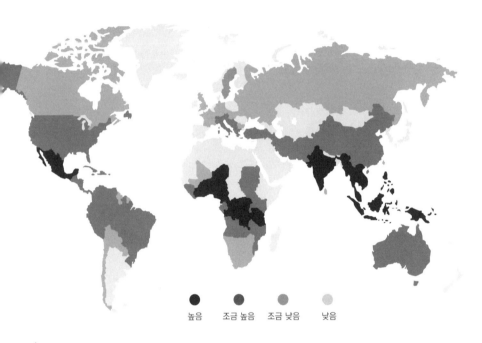

높음   조금 높음   조금 낮음   낮음

이 지도에서 어두운 부분은 언어의 밀도가 높음, 즉 언어의 수가 많음을 의미하고, 밝은 부분은 언어의 밀도가 낮음, 즉 언어의 수가 적음을 나타냅니다. 하나의 언어를 사용하는 한국이나 일본은 아주 밝은 데 비해서, 아프리카 중심부나 동남아시아 지역, 중앙아메리카 지역 등 사용되는 언어가 아주 많은 지역은 까맣게 표시되었습니다. 이 지도에서 알 수 있는 점은 검게 표시된 지역들에 우리가 모르는 수천 개의 각종 언어들이 존재하고 있다는 사실입니다.

네틀과 로메인에 따르면, 언어의 밀도가 가장 높은 지역들은 서아프리카

해안에서 콩고 분지를 지나 동아프리카에 이르는 지역과 인도남부와, 동남아시아에서 인도네시아, 뉴기니, 그리고 태평양의 작은 섬들입니다. 여기에 속하는 20여 개국이 전세계 언어의 70퍼센트 이상을 보유하고 있다는 것입니다(네틀, 로메인, 2003).

또 하나 흥미로운 사실은 언어가 고밀도로 나타나는 이 지역들에 세계의 생물종 다수를 보유한 열대림들이 위치하고 있다는 점입니다. 이곳에는 지구상 전체 생물종의 50~90퍼센트 이상이 서식하고 있습니다. 이에 비해 언어 밀도가 낮은 지역은 온대 지역(유럽, 동북아시아)이나 극한 지역(남북극에 가까운 지역)이지요. 이 지역들의 생물종 수는 열대 지방에 비해 훨씬 적습니다. 생물종의 수가 열대에 집중되어 있고 온대나 극지방으로 갈수록 적어지는 이유는 간단합니다. 열대 지방에서는 비교적 일정한 양의 태양 에너지를 얻을 수 있고 기후의 변화가 거의 없기 때문입니다. 이런 곳에서는 어떤 극적인 변화가 없는 한 생물들이 갑자기 사라질 일이 없을 것이고, 따라서 다양한 생물종들이 어우러져 살 수 있습니다. 이에 비해 온대 지방은 봄·여름·가을·겨울 등 계절의 변화가 뚜렷하기 때문에 이런 기후 변화를 견딜 수 있는 생물종만이 살아남을 것입니다. 양극 지방은 기후 변화는 거의 없지만 생물종의 생존에 가장 중요한 태양 에너지가 적기 때문에 생물종이 많이 살 수가 없습니다.

이렇게 엄청나게 다양한 생물종이 분포하고 있는 열대 지방에 언어의 수까지 많은 것은 왜일까요? 그것은 이 열대 지방에 대부분의 토착민들이 살고 있기 때문입니다. 유럽과 동북아시아와 같은 온대 지역에서는 일찍이 거대한 나라들이 일어나 문명을 만들고 언어를 지속적으로 통일시켰지만 아프리카와 동남아시아, 중앙아메리카, 태평양의 작은 섬들은 이

언어의 다양성과 고등 척추동물의 다양성 사이의 관련성 (출처: 스쿠트나브-캉가스, 2005)

국가	언어의 수	척추동물 종수	국가
파푸아뉴기니	847	1,346	오스트레일리아
인도네시아	655	761	멕시코
나이지리아	376	725	브라질
인도	309	673	인도네시아
오스트레일리아	261	537	마다가스카르
멕시코	230	437	필리핀
카메룬	201	373	인도
브라질	185	332	페루
자이르	158	330	콜롬비아
필리핀	153	294	에콰도르
미국	143	284	미국
바누아투	105	256	중국
탄자니아	101	203	파푸아뉴기니
수단	97	186	베네수엘라
말레이시아	92	168	아르헨티나
에티오피아	90	152	쿠바
중국	77	146	남아프리카공화국
페루	75	134	자이르
차드	74	126	스리랑카
러시아	71	120	뉴질랜드
솔로몬제도	69	113	탄자니아
네팔	68	112	일본
콜롬비아	55	105	카메룬
코트디부아르	51	101	솔로몬제도
캐나다	47	88	에티오피아, 소말리아

거대한 나라들이 탐험을 해오기 전까지 수많은 토착 부족들이 흩어져 살고 있었습니다. 이 지역에 남아 있는 토착민들은 오늘날까지도 전통적 생활 방식을 고수하면서 열대 우림 속에서 무리지어 지내고 있습니다. 이 토착 부족들은 규모도 작고, 부족마다 언어도 다릅니다. 쉽게 말하면 수십 명에서 수천 명으로 구성된 부족 하나하나가 각각 다른 언어를 쓰고 있는 것입니다. 바로 이런 열대 지방의 토착민들이 세계 언어의 엄청난 다양성을 보존하고 있는 셈입니다. 생물종의 다양성과 언어의 다양성이 나타나는 지역이 일치하는 것은 이런 이유 때문입니다.

언어의 다양성과 생물학적 다양성 사이의 관련을 분명하게 보여 주는 왼쪽 표를 봅시다. 이 표를 보면 전체 25개 나라 중 16개 나라(64퍼센트)가 언어의 다양성과 생물학적 다양성을 나타내는 양쪽 칸에 동시에 속해 있습니다(색으로 표시된 나라들). 이 표는 언어와 고등 척추동물들(포유류, 조류, 파충류, 양서류)의 다양성에 관해서만 나타내고 있지만 언어와 나비, 언어와 꽃의 다양성도 이와 비슷하게 높은 연관성을 보이고 있습니다. 이것은 사실 '연관성'만은 아닙니다. 학자들은 언어 다양성과 생물 다양성 사이에는 '인과 관계'가 있을 것이라고 보고 있습니다. 무엇이 먼저라고 할 수는 없지만, 언어 다양성이 가능한 환경은 생물 다양성이 가능한 환경을 필요로 하고, 반대로 생물 다양성이 가능해야만 언어 역시 다양해질 수 있다는 것은 분명합니다.

소수언어들이 죽어 가는 이유

지구상 10퍼센트 정도의 사람들이 쓰고 있는 6,000여 개의 소수언어들이 점점 사라져 가고 있습니다. 언어학자 마이클 크라우스 Michael E. Krauss에 따르면, 한 언어의 사용자 수가 10만 명 이상이면 그 언어는 어느 정도 안전하다고 합니다. 하지만 10만 명 이상의 사용자를 가진 언어들은 현재 600여 개에 지나지 않고, 나머지 6,000여 개의 소수언어들은 언제 사라질지 모를 운명에 처해 있다고 그는 분석합니다(krauss, 1992). 언어학자 스쿠트나브–캉가스Tove Skutnabb-Kangas에 따르면 가장 낙관적이고 현실적인 언어학자들도 100년 후에는 현재의 언어 중 절반 이상이 사라지거나, 아니면 더 이상 아이들에게 가르쳐지지 않을 것이라고 생각한다고 합니다. 비관적인 학자들은 2100년경에는 현재 언어들 중 10퍼센트만이 살아남고 나머지 90퍼센트의 언어들은 죽거나 죽음을 기다리게 될 것이라고도 합니다(스쿠트나브–캉가스, 2005). 다시 말해, 세계 언어의 절대 다수가 사멸의 위기에 처해 있는 셈이지요.

소수언어들이 사라지는 이유는 다양하지만 크게 세 가지로 나눌 수 있습니다.

첫째, 환경의 급격한 변화로 인해 부족이 흩어지거나 멸종될 때 언어도 같이 사라집니다. 앞에서 생물종의 다양성과 언어의 다양성이 나타나는 지역이 일치했던 점을 상기해 봅시다. 생물종이 멸종하듯 언어도 멸종할 수 있는 것입니다. 그러므로 환경 오염에 따른 생물의 멸종과 언어의 멸종은 밀접한 관계에 있음을 알 수 있지요. 우리가 환경 오염을 고민할 때 언어의 사멸 현상에 대해서도 함께 생각해야 하는 이유가 여기에 있습니다. 환경 변화로 인해 사라진 언어로는 우공어가 있습니다. 타이 서부에 있던 우공족이 쓰던 우공어는 1970년대 후반 타이 정부가 댐을 세우기 위해 우공족 마을 두 곳을 침수시키는 바람에 우공족이 뿔뿔이 흩어짐으로써 완전히 사라져 버렸다고 합니다(네틀, 로메인, 2003). 환경 개발로 인해 우공족의 거주지가 사라짐으로써 우공족이 사라지게(흩어지게) 되고, 그래서 이들을 묶어 주던 소통의 도구인 언어가 없어진 것이지요.

둘째, '위로부터' 강제적으로 진행되는 언어의 죽음이 있습니다. 힘이 센 집단이 약한 집단을 정복한 후, 지배자가 토착어를 자신들의 언어로 강제 교체함으로써 정복당한 사람들의 언어가 사라지는 것입니다. 앞에서 말했던 일제 시대 조선어의 상황은 이런 강제적 교체를 이겨 낸 자랑스러운 경우입니다. 하지만 그렇지 못한 경우가 훨씬 더 많습니다. 유럽의 강대국들이 앞다투어 아시아와 아프리카, 아메리카로 향하면서 식민지를 개척했던 시기에도 언어의 강제 교체가 일어났습니다. 월등히 강력한 무기와 기술 앞에서 토착민들은 여지없이 무너져서 완전히 멸종되거나 유럽인들의 노예가 되었습니다. 정복자들은 토착민들의 언어를 '언어'로 받아들이지 않았고, 이들의 언어를 자신들의 언어로 바꾸기 위해 부단히 노력했습니다. 현재 남아메리카의 대부분 나라들이 스페인어나 포르투갈어를 공용어로 쓰고 있는 현실은 이런 역사에서 비롯된 것입니다. 또한 아메리카 대륙에 백인들이 정착하기 전부터 그 땅에 살고 있던 아메리카 원주민들의 언어는 100개도 넘었으나, 현재 사용자가 10만 명이 넘는 아메리카 원주민 언어는 나바호족이 쓰는 나바호어 하나뿐이라고 합니다. 미국 땅에 원래 살고 있던 토착민이 유럽인에 의해 정복당하고, 토착민들의 후손이 미국 사회에 동화되면서 그들의 언어 역시 사라져 버린 것이지요.

셋째, '아래로부터' 자발적으로 진행되는 언어의 죽음이 있습니다. 이 경우는 어떤 강제적 수단이 없음에도 불구하고, 한 사회에 속한 사람들이 모어보다 다른 말을 쓰는 편이 더 이익이 된다고 판단함으로써 발생합니다. 언어학자 수잔 갈Susan Gal의 연구에 따르면, 헝가리어를 쓰는 오스트리아 오버바르트 지역에 독일어를 쓰는 노동자들이 들어와 경제적으로 더 넉넉해졌다고 합니다. 그러자 혼기가 찬 젊은 여성들이 헝가리어 대신 독일어를 쓰는 현상이 나타났습니다. 배우자 선택을 위해 자신들이 쓰던 언어를 자발적으로 바꾼 것입니다(Gal, 1979). 이런 현상은 특히 경제적으로 낙후된 지역에 사는 집단이 언어를 바꿈으로써 경제적으로 더 발전한 지역에 접근하기가 훨씬 수월해질 경우에 자주 발생합니다. 얼마 전 한국에서 논란거리가 되었던 영어공용론 역시 자발적으로 언어를 교체하자는 발상으로, 이 경우에 속한다고 할 수 있지요.

요컨대, 언어의 죽음은 환경 변화 및 정치권력, 경제 개발 등과 밀접하게 연관되어 있습니다. 언어는 생태적·정치적·경제적 환경의 산물입니다. 언어에 대해서 생각할 때 언제나 언어를 둘러싼 갖가지 배경을 함께 생각해야 하는 이유는 여기에 있습니다. 소수언어들이 환경의 변화에 훨씬

나바호족의 언어는 제2차 세계대전 당시
암호로 이용되기도 했다.
나바호족 인구는 미국 내 인디언 보호구역의 부족들 가운데
최대 규모라고 한다.

Okinawa 1945
Iwo Jim

Tinian 1944   Saip
Guan

Peleliu 1944

Niha' ałchini nolinigíí

To you, our children,

bizaad bee nidasiibaa

we bring home

yę́ę́ nihaa doolyééł.

the Navajo Code.

'ákót'éego ha'oodzíí

It is our way of saying

Dinék eh yáti'

speak Navajo

neelyéego hinii'ná.

nd defend our way of life.

© Richie Diesterheft

민감하고 취약할 것이라는 점은 명백합니다. 특히 급격한 경제적·정치적 변화들이 끊이지 않는 오늘날, 소수언어들이 지속적으로 사라지는 것은 이런 맥락에서 이해해 볼 수 있습니다.

여기서 우리는 이런 질문들을 스스로에게 던질 수 있을 것입니다. 우리는 이러한 소수언어의 죽음을 어떻게 봐야 할 것인가? 그것은 자연스런 환경 변화의 결과이므로 그냥 지켜보면 그만일까? 우리와는 상관없는 일이기 때문에 신경 쓰지 않아도 될까? 그런데 이것이 정말 우리와는 상관없는 일일까? 영어를 공용어로 쓰자는 주장이 진지하게 나오는 상황에서도? 우리는 이런 소수언어의 죽음에 더 심각하고 진지한 자세로 접근해야 하지 않을까? 이러한 질문들은 앞으로 이 책 전체에 걸쳐서, 특히 영어와 관련하여 계속 등장할 것입니다.

일단 지금은 소수언어의 죽음과 관련한 큰 그림을 좀 더 살펴보기로 합시다. 앞에서 말한 소수언어 소멸의 세 가지 원인과 관련해서 근본적 원인들을 깊이 들여다보는 게 우선일 것 같습니다. 이를 크게 '농업혁명'과 '산업혁명'이라는, 인류의 삶에 엄청난 영향을 끼친 두 가지 변화로 나누어서 생각해 봅시다.

농업혁명과 제국주의

전세계 인구 중 90퍼센트가 전체 언어 중 100개 정도를 사용하고, 나머지 6,000개의 소수언어를 변방의 10퍼센트 사람들이 쓰고 있는 오늘날의 이 기이한 현상을 다른 말로 하면, 언어들의 힘에 불균형이 있다고 할 수 있을 것입니다. 힘이 센 언어들이 힘이 약한 언어들을 통합하면서 어떤 언어들은 사용 인구가 줄어들었는가 하면 어떤 언어들은 영원히 사라져 갔습니다. 이런 현상이 일어나는 속도는 최근에 급격히 빨라지고 있지만, 그 기원은 인류 역사를 거슬러 올라가는 오래된 일입니다. 언어학자들은 이 기원을 두 가지에서 찾습니다. 하나는 구석기 시대에서 신석기 시대로 변하는 과정에서 출현한 '농업혁명'이고, 다른 하나는 12세기 유럽에서 시작된 '산업혁명'이지요.

구석기 시대 사람들은 수렵·채취를 하며 생활했습니다. 큰 동물을 잡으면 며칠간 배불리 먹을 수 있었고 과일, 어류, 씨앗, 심지어 곤충까지도 식량이 되었습니다. 사냥하거나 채집해서 먹을 수 있는 자원이 떨어지면 다시 식량을 구할 수 있는 곳으로 이동해야 했으니 무리는 소규모일 수밖에 없었겠죠. 이렇게 정착하지 않고 소규모로 유랑하는 집단들 속에서는 지배적인 문화나 언어가 등장할 수 없었습니다. 끊임없이 놀아다니는 사람들을 통제할 정치 체제도 없었을 것이고, 먹을 것을 한군데 쌓아 두지 않으니 거기에 세금을 매길 수도 없었을 것입니다. 이런 이유로 언어학자들은 구석기 시대 사람들의 언어는 모두가 소수언어일 것이라고 추정합니다.

그러다가 기원전 9000년을 전후로 농업이라는 새로운 생산 양식이 출현했습니다. 농업이 일어난 최초의 지역은 밀·보리·양·염소 등의 자원을 기반으로 한 메소포타미아 지역으로, 지금의 시리아·터키·이라크·이란 등을 포함하는 중동 지방이었습니다. 그리고 쌀을 중심으로 한 중국이 있었고, 이후 바나나와 사탕수수를 재배하기 시작한 뉴기니 일부 지역, 수수를 재배하기 시작한 사하라 사막 남부 지역, 아프리카 얌을 재배했던 아프리카 적도 지역, 옥수수와 콩을 길렀던 중앙아메리카, 감자를 재배했던 아마존 유역, 그리고 명아주와 해바라기를 재배한 현재 미국의 동부 지역 등에서 수천 년씩의 격차를 두고 농업이 일어났습니다(네틀, 로메인, 2003). 수렵·채취 중심에서 농업 중심으로의 변화는 몇천 년 만에 세계 전체로 퍼져 나갔으며, 이러한 현상을 신석기 시대의 농업혁명이라고 부릅니다.

수렵·채취에서 농업으로 식량을 얻는 방식이 바뀐 것은 생활 전체에 엄청난 변화를 가져오게 됩니다. 기본적으로 농업은 땅에 씨를 뿌리고 경작해서 수확물을 식량으로 이용하는데, 이는 사람들이 특정한 땅에 정착하도록 만들었습니다. 수렵이나 채집을 하던 시절에는 한 곳의 자원이 떨어지면 다른 곳으로 이동하면 되었지만, 농업을 하면서부터는 비옥한 땅으로 사람들이 몰리게 됩니다. 또 수렵이나 채집과 달리 농업을 하다

보니 경작한 곡식이 쌓여서(축적) 소비하고 남은 곡식들을(잉여) 다른 곡식이나 도구들과 바꾸는 일도 발생했습니다(시장). 수렵·채집 공동체는 언제나 이동을 해야 하기 때문에 많은 자식을 낳는 것이 그다지 이롭시 않았던 데 반해, 농업 공동체에서는 사람이 많을수록 농사를 짓는 데 유리합니다. 필연적으로 농업 사회에서는 구석기 시대와는 비교할 수도 없는 인구의 증가가 이루어졌지요. 따라서 농업이 번성하는 곳에서는 수렵·채집 사회에서 볼 수 없었던 집단 거주지, 혹은 우리가 도시라고 부를 수 있는 대규모 공간이 탄생하게 됩니다. 사람들이 모여 살다 보니 분쟁이 많았을 테고, 이런 분쟁이 심해져 싸움으로 발전하면 거주지 전체가 망할 수도 있었을 것입니다. 그래서 사람들 사이의 관계를 조정하는 소수집단이 출현했는데, 이들은 언제나 힘이 가장 센 집단이었습니다. 이로 인해 한 거주지 안에서도 지배와 통제의 관계가 나타났고, 그때부터 얼마나 힘이 센가, 얼마나 많은 잉여물을 축적했는가에 따라 일종의 계급 관계가 나타나게 됩니다. 이렇게 거주지가 하나의 집단 공동체 형태를 띠게 되면서 힘이 센 공동체가 주위의 작은 공동체를 힘으로 제압하여 지배하는 정복의 물결이 일기 시작했습니다.

멜 깁슨 감독의 영화 〈아포칼립토Apocalypto, 2006〉를 보면 이 변화의 과정을 생생하게 느낄 수 있습니다. 영화 속에서 중앙아메리카의 한 작은 부족이 거대한 마야문명의 전사들에 의해 전멸당합니다. 살아남은 사람 중에 '재규어의 발'이라는 이름의 청년이 노예로 끌려갔다가 가까스로 도망친 후 숨어 있던 부인, 아들과 함께 새로운 삶을 시작한다는 것이 영화의 내용입니다. 재규어의 발이 속해 있는 부족은 수렵·채집을 위주로 살아가는 아주 작은 공동체입니다. 이 부족은 농업을 통해 증대된 생산력과 큰 도시, 그리고 발전된 군사기술을 가지게 된 강력한 집단에 의해 멸망하고, 주민들은 노예로 전락합니다.

농업혁명이 최초로 발생한 곳에서 인류 역사상 최초로 대규모 어족이 된 언어들도 함께 출현했습니다. 인도유럽 어족, 알타이 어족, 시노티베트 어족, 아프로아시아 어족, 반투 어족, 엘람드라비다 어족, 오스트로네시아 어족이 그것들입니다. 이 어족들의 기원이 된 언어들도 처음에는 구석기 시대의 다른 언어들처럼 소수언어였을 것입니다. 하지만 농업이 전 세계로 확산됨에 따라, 최초 농업 발생지의 언어들 역시 주변으로 뻗어 나갔습니다. 인도유럽 어족은 서아시아 지역에서 대서양으로, 멀리 인도까지 퍼져 나갔고, 엘람드라비다 어족은 이란 근처에서 남부 인도 쪽으로 퍼졌으며, 중국어를 포함하는 시노티베트 어족은 중국 전역과 동남아시아까지 번졌습니다. 중국 남부에 기원을 둔 타이카다이 어족과 오스트로아시아 어족은 동남아시아의 다른 지방으로 퍼졌고, 대만에서 출현한 오스트로네시아 어족은 태평양 연안으로 확산되었습니다. 카메룬의 반투 어족은 남아프리카 전역으로 확산되었지요(네틀, 로메인, 2003). 농업과 농경민들이 주변 지역을 장악해 가면서 이들이 쓰던 언어들이 하나의 어족을 이루며 퍼져 나가게 된 것입니다. 그 과정에서 수렵·채취를 하던 소규모 부족들은 완전히 흩어지거나 아니면 농업을 받아들였을 것이고, 그들이 쓰던 언어 역시 사라지거나 그들을 지배하게 된 새로운 집단의 언어로 교체되었습니다. 지리적 혹은 기후적 여건에 의해 농업이 들어가지 못했던 변방과 오지의 부족들은 여전히 구석기 시대의 수렵·채취 생

대규모 어족들의 혈연 관계

시노티베트 어족
중국어, 티베트어, 미얀마어를 비롯해 300개 이상의
언어와 주요 방언들로 이루어진 언어. 인도유럽 어족에 이어
세계에서 두 번째로 사용자 수가 많은 어족이다.

인도유럽 어족
역사시대 이후 인도에서 유럽에 걸친 지역에
널리 퍼져 있던 언어의 통칭. 지구상에서 가장
활발히 연구되어 있는 어족이다.
유럽에서 사용되고 있는 대부분의 언어들이
인도유럽 어족에 속한다.

알타이 어족
중앙아시아와 북아시아, 러시아에 살고 있는 민족들의 언어.
한국어가 여기에 속한다는 주장도 있으나 아직 언어학적으로
친족 관계가 명확히 밝혀지지 않았다.

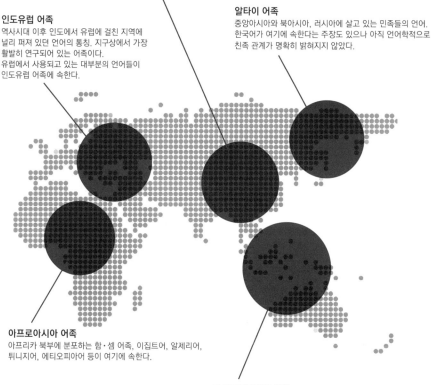

아프로아시아 어족
아프리카 북부에 분포하는 함·셈 어족, 이집트어, 알제리어,
튀니지어, 에티오피아어 등이 여기에 속한다.

오스트로네시아 어족
동남아시아와 태평양 지역에 걸쳐 널리 사용되고 있는
여러 언어들의 어족이다. 세계에서 두 번째로 많은
하위 언어들이 있지만, 언어들 사이의 차가 큰 편이다.

활을 했고, 그들이 모두 죽지 않는 한 그들의 언어 역시 살아남았을 것입니다. 이처럼 신석기 시대는 인류 역사상 처음으로 대규모의 언어 확산과 언어들의 통합이 이루어진 시기였습니다.

이러한 대규모 언어의 탄생과 확산, 그리고 소수언어의 죽음이 신석기 시대에만 일어난 것은 아닙니다. 이 확산과 전진의 물결, 혹은 지배와 정복의 파도는 그 이후로 더욱 거세집니다. 큰 거주지가 도시가 되고, 도시가 나라가 되고, 나라가 다른 나라를 정복하면서 커지는 과정은 우리가 알고 있는 세계 역사 그 자체 아닌가요? 하지만 그중에서도 지배와 정복의 선두에 서 있던 지역이 있었으니, 바로 유럽과 아시아를 포함하는 유라시아 지역입니다. 앞에서도 보았듯 신석기 시대의 농업혁명은 아시아, 아프리카, 아메리카 등에서 발생했지만 시간이 어느 정도 흐른 이후, 좀 더 정확히는 최소한 기원전 400년 이후부터 유라시아 지역의 인구가 아프리카나 아메리카 대륙을 완전히 앞질러서 한때 세계 인구의 90퍼센트가 유라시아에 집중되기도 했습니다. 특히 10세기 이후에 다른 대륙의 인구가 정체 상태였던 반면, 유라시아의 인구는 급증하는 추세를 보였습니다.

유라시아의 인구 증가가 가져온 것은 중앙집권적 권력 체제, 강력한 군대, 정교한 기술력, 그리고 농경사회에서 나타나는 전염병을 이겨 내고 갖게 된 면역력이었습니다. 이는 농업혁명을 거치는 농경사회에서 자연스럽게 보여지는 특징이긴 하지만, 그 강도는 인구의 급증과 함께 더욱 강력해진 것입니다. 인류학자 재레드 다이아몬드Jared Diamond는 왜 유라시아의 문명이 다른 대륙의 문명을 압도하면서 지배하고 정복할 수 있었

살해당하는 언어, languicide

'-cide'는 '살해'를 뜻하는 접미사로, 가령 'homicide'는 살인, 'suicide'는 자살, 'infanticide'는 유아 살해를 의미한다. 'languicide(언어 살해)'는 '언어'를 뜻하는 'language'와 '살해'를 뜻하는 '-cide'가 결합된 조어다. 힘이 있는 언어가 힘이 약한 언어를 집어삼키면서 끝내 그 언어를 사라지게 하는, 즉 '언어를 죽이는 현상'을 의미하는 말이다.

는지를 연구한 결과, '총, 균, 쇠'라는 세 단어로 해답을 제시하였습니다(다이아몬드, 2005). 유라시아의 엄청난 인구와 대규모 사회가 만들어 낸 전쟁 기술(총), 전염병과 면역력(균), 그리고 돌이 아닌 금속도구들(쇠)이 정복 활동의 배경이었다는 것이지요. 총, 균, 쇠로 상징되는 유라시아 문명은 다른 문명을 만나는 족족 대규모의 살상과 멸종을 유발함으로써 전세계를 장악하게 됩니다. 유라시아 문명 중 중국이나 인도가 그 주변국들을 정복하는 데 머무른 반면 유럽은 아메리카, 아프리카, 오세아니아, 아시아 등 전대륙으로 팽창을 계속합니다. 바야흐로 식민주의와 제국주의라는 인류 최악의 정복 형태가 유럽을 통해 등장한 것입니다.

영화 〈아포칼립토〉의 마지막 장면은 가까스로 탈출에 성공한 '재규어의 발'이 아내와 갓난 아들을 찾은 후 새 삶을 시작하려고 길을 떠나던 차에, 해변에 막 배를 대고 상륙하는 몇 명의 이상하게 생긴 사람들을 호기심 어린 눈빛으로 보는 장면입니다. 이들이 든 총, 이들이 입은 쇠갑옷, 그리고 이들의 몸속에 있는 유럽의 병균들이 앞으로 재규어의 발 부족을 멸망시켰던 마야문명을 정복하고, 나아가 아메리카 대륙 전체를 유럽의 식민지로 만들게 되리라는 사실을 재규어의 발은 미처 알지 못했을 것입니다.

유럽의 대규모 영토 정복은 세계 곳곳의 언어를 죽이면서^{languicide} 영향
력을 확대해 가는 유럽 언어의 팽창으로 귀결됩니다. 15세기 무렵부터
제2차 세계대전이 종결될 때까지 무려 500년이 넘게 지속된 유럽의 식
민과 제국의 역사는 아메리카 원주민들과 인도인들의 언어를 영어로, 브
라질인의 언어를 포르투갈어로, 멕시코인의 언어를 스페인어로, 가봉인
들의 언어를 프랑스어로 바꾸어 버린 역사이기도 했습니다. 요컨대, 신
석기 시대의 농업혁명 이후 수천 년 동안 서서히 퍼진 대규모 유럽 어족
들은 이후 유라시아 문명, 특히 유럽의 식민주의와 제국주의를 거치면서
대대적으로 확산되었습니다. 현재 거의 절반에 가까운 세계 인구가 쓰는
15대 언어들(22페이지 표 참조) 전부가 유라시아에서 나왔으며, 그중 여섯
개는 유럽어입니다. 여기서 중국과 인도의 인구를 제외한다면 유럽어의
영향력은 막강하다고 할 수 있습니다. 기술력이 떨어지고 힘이 없었던
수많은 이들의 언어가 그 언어의 사용자들과 함께 죽어 가고, 그 와중에
서 살아남은 언어들이 결국 '소수언어'라는 이름으로 불리게 된 이유가
여기에 있습니다.

산업혁명과 자본주의

앞에서 살펴봤던 농업혁명과 유라시아 문명의 정복으로 인한 소수언어의 소멸 과정이 과거의 일이었다면, 산업혁명과 선진국의 경제력에 의한 소수언어의 죽음은 현재진행형입니다. 흔히 산업혁명이라고 하면 18세기 이후 영국에서 출현했던 '기계를 통한 대량 생산'을 생각하지만 산업혁명의 의미를 크게 확장해 보면 그 시작은 훨씬 오래전의 일입니다. 학자들마다 의견은 조금씩 다르지만, 12세기 이후 혹은 14세기에서 15세기 이후부터 유럽에서는 다른 대륙을 앞지르는 급격한 생산력의 발전이 이루어졌다고 보고 있습니다. 당시 유럽에서는 수력, 풍력 등을 이용한 농업기술의 발전으로 인해 생산성이 급증했고, 시장 경제와 경제 분화가 일어났습니다. 중세의 봉건제도가 무너진 것도 생산력의 발전으로 인해 제조업과 상업에 종사하던 사람들의 힘이 커졌기 때문이었지요. 프랑스의 역사학자 페르낭 브로델Fernand Braudel에 따르면, 12세기 이후부터 유럽에서 자본주의 경제가 자리를 잡아가기 시작합니다. 그는 이를 '자본주의적 도시의 성장'을 통해 설명합니다. 13세기에서 15세기 사이에는 이탈리아의 베니스와 제노아가, 16세기에는 벨기에의 안트워쁘가, 16세기부터 18세기까지는 네덜란드의 암스테르담이, 18세기에서 19세기까지는 영국의 런던이 중심이 되어 자본주의를 이끌어 갔다는 것입니다 (브로델, 1995).

이러한 유럽 자본주의의 성장은 언제나 도시, 특히 교역 도시의 발전과 함께했습니다. 중세 유럽은 각 지역에 봉토를 가지고 있는 영주들이 중앙의 왕에게 충성을 바치는 시스템이었기 때문에 나라의 중심이 어느 한 거대 도시에 집중되지 않았습니다. 반면에 중세 이후 왕권의 중앙집중화와 자본주의의 성장으로 인해 교역 도시가 발전하자 한 나라 내에 경제의 중심지가 발생하게 되었습니다.

이 과정을 역사책에서는 쉽게 '중심과 주변' 혹은 '도시의 성장'이라고 말하지만, 그 속에는 자본주의 경제에서 갑자기 밀려난 수많은 민중들의 희생이 있었습니다. 가령 영국에서는 14세기에서 16세기 사이에 모직산업이 발전하자, 땅을 가진 귀족들과 지주들이 농업보다는 양을 키우는 게 더 이윤이 남는다는 계산을 하고는 자신들의 땅에서 농사를 짓던 농민들을 쫓아내고 그 자리에 양을 키웠습니다. 그러면서 땅에 울타리를 쳐서 소유지 표시를 하고 사람들의 접근을 막았는데, 이를 '울타리로 막다'라는 의미의 '엔클로저Enclosure'라고 합니다. 졸지에 경작지에서 쫓겨난 민중들은 일자리를 찾아 경제의 중심지인 도시로 밀려와서 빈민층을 이루게 됩니다. 다시 말하면, 자본주의 경제의 발전에 따른 중심과 주변의 분화는 수많은 가난한 이들의 희생 위에서 이루어진 것이지요.

중심지의 경제는 이들에게 새로운 기회, 높은 생활 수준에 대한 희망을 동시에 주었습니다. 주변에 있던 사람들이 중심지로 들어가야만 뭔가를 얻을 수 있는 현상은 오늘날까지도 지속되고 있습니다. 이렇게 중심지가

분화와 희생의 단어, 엔클로저

원래 엔클로저는 울타리를 둘러치는 행위를 뜻하지만, 첫 글자를 대문자로 Enclosure라고 하면 영국에서 사람들이 같이 사용했던 공유지를 사유로 삼아 이익을 취했던 역사적 사건을 의미한다. 엔클로저는 12세기 경부터 그 기원을 찾을 수 있지만 14세기에서 16세기에 가장 활발했고, 이로 인해 집과 일을 잃은 농민들이 수많은 반란을 일으키기도 했다.

발전하고 주변부가 몰락하는 자본주의 경제 발전의 과정에서 주변부 사람들의 문화가 중심부에 흡수되는 일도 빈번해졌습니다. 시골에 살다가 도시에 가서 살아 본 경험이 있는 사람들은 이 말이 어떤 의미인지 알 것입니다. 많은 사람들이 도시에서 살면서 자신이 시골 출신이라는 사실을 숨깁니다. 그 사실이 경제적으로든 문화적으로든 어떤 불이익을 줄 수 있을 것이라는 불안 때문이지요. 앞에서 헝가리어를 쓰는 오스트리아의 한 지역에 독일어를 사용하는 노동자들이 들어와 경제적 안정을 누리게 되자, 마을 처녀들이 헝가리어를 자발적으로 버리고 독일어를 쓰게 되었다는 연구에 대해 언급했었지요. 이처럼 주변부 사람들은 경제적 이익을 위해 자신들의 언어를 버릴 수도 있는 것입니다.

1970년대 이후 한국에서 본격적인 자본주의적 개발이 일어났을 때도 주변부에서 중심부로의 이동이 급물살을 탔습니다. 이를 '이촌향도離村向都'라고 합니다. 전국에서 일자리를 찾아 서울로 몰려든 가난한 시골 사람들이 거대한 도시에서 겪어야 했던 눈물겨운 일들은 잘 알려져 있습니다. 시골 사람들은 자신들이 쓰던 사투리를 버리고 표준어를 쓰는 행태를 보여 주기도 했습니다. 한국에서 '표준어'는 '교양 있는 사람들이 두루 쓰는 현대 서울말'로 정의되어 있는데, 이를 달리 말하면 지방 사투리나 대중의 속어는 '교양'이 없는 말이고, '두루 쓰'이지 않으며, 서울 사람들이 쓰지 않는 말이라는 뜻이 됩니다. 과연 그런가요? 요즘도 영화나 드라마에서 깡패나 악당들은 전라도나 경상도 말을 쓰고, 잘생긴 주인공들은 서울 말/표준어를 쓰는 것 역시 이런 세태를 반영한 것입니다. 경제적으로 불균등한 발전 과정에서 중심부의 언어는 '표준'이 되고 주변부의 언어는 표준이 아닌, 고쳐야만 하는 것이 되어 버렸지요.

중심부와 주변부의 불균등한 발전으로 인해 주변부의 언어와 문화가 약화되거나 사라지는 현상은 나라와 나라 사이에서도 나타납니다. 식민주의와 제국주의 시대는 지나갔지만 당시의 열강들은 식민지 경영을 통해 얻은 경제적 성장을 바탕으로 소위 '선진국'이 되어 세계 경제의 법칙을 만들어 가고 있습니다. 식민지에서 막 독립한 나라들, 세계 경제에 제대로 참여해 보지 못한 많은 나라들은 이른바 개발도상국이나 후진국으로서 선진국들의 경제 질서에 참여하면서 많은 시행착오를 겪게 되었습니다. 한국이 독립 후 1960년대부터 1980년대를 거치며 높은 경제 성장을 이루었지만, 내부적으로는 수많은 갈등과 격동을 겪어야만 했던 것처럼 말입니다. 선진국들은 자신들의 과거는 생각지 않은 채 다른 나라들에게 무조건 '자유무역'의 원칙을 따르도록 함으로써 사실상 정의로운 경쟁의 원칙을 저버리고 있지요. 경제학자 장하준은 이를 가리켜, 먼저 사다리를 타고 올라간 사람이 경쟁에서 이기기 위해 뒷사람이 올라탈 사다리를 걷어차 버리는 형국이라는 의미에서 '사다리 걷어차기'라고 비꼬기도 했습니다(장하준, 2004).

어쨌든 우리는 이런 선진국들을 세계 경제의 '중심부'로, 개발도상국이나 후진국을 '주변부'로 볼 수 있을 것입니다. 이 과정에서 주변부 국가들은 중심부 국가들을 모델로 삼아 배우려고 노력하는데, 이때도 언어는 언제나 가장 중요한 요소 중 하나입니다. 단적인 예는 우리나라의 대학에 설치되어 있는 외국어 학부들입니다. 어떤 과가 있습니까? 영문과, 일문과, 중문과, 독문과, 불문과, 서문과(스페인어), 노문과(러시아어) 등이 있습니다. 우리와 밀접한 관계가 있는 일본이나 중국을 제외한다면, 모두 과거 제국주의 국가들이자 소위 선진국으로 불리는 나라들의 언어입니다. 외국어 교육을 위한 특수 대학을 제외하면 그 외 국가들의 언어는 아예 가르치지 않지요. 또 현재 동남아시아에서 불고 있는 한국어 배우기 열풍은 어떻게 볼 수 있을까요? 그 나라들에게는 한국이 자신들보다 경제적으로 앞선 나라로서 일종의 '모델'이 되는 것입니다. 주변부 국가들은 중심부 국가들 혹은 모델이 될 만한 나라들의 언어를 배우지만 그 반대의 경우는 거의 없습니다.

제국주의로 물들었던 세계의 역사 역시 중심부-주변부 관계에 영향을 미치고 있습니다. 제2차 세계대전 이후 대부분의 나라들이 독립을 선언했지만 지배국과 식민지 사이의 경제적·정치적·문화적 구조들은 여전히 이어지고 있는 것입니다. 식민지 시대에 엘리트 역할을 했던 계층은 독립 이후에도 나라의 재건을 맡은 경우가 많습니다. 그러니 식민지 시대에 지배자들의 언어를 사용했던 이들은 그 언어를 계속 사용하기 쉽지요. 이런 구조가 청산되지 않는 상황에서는 과거 지배국의 언어를 사용하는 것이 신분 상승이나 경제적 기회를 가져올 수 있습니다. 가령 아프리카는 수많은 소수언어들이 존재하는 대륙인데도, 식민지 시대를 겪었던 많은 나라에서 지배자들의 언어였던 영어나 프랑스어를 여전히 공용어로 쓰고 있습니다. 영어나 프랑스어를 잘하는 것이 출세를 위한 가장 나은 선택으로 인식되고 있기 때문입니다. 식민지 경험이 없는 나라에서도 경제적 자원이 몰려 있는 중심부의 언어는 주변부의 수수언어들을 게속해서 밀어내고 있습니다. 타이의 타이어는 우공어를 없앴고, 말레이시아의 바하사 말레이시아어와 인도네시아의 바하사 인도네시아어는 동남아시아 여러 나라로 퍼져 나가고 있으며, 타갈로그어와 필리핀어 역시 필리핀의 여러 토착 소수언어들을 흡수해 가고 있습니다(네틀, 로메인, 2003).

앞에서 우리는 신석기 시대의 농업혁명과 그 이후 제국주의로 인해 수많은 소수언어가 토착민들의 죽음과 함께 사라졌음을 알게 되었습니다. 이는 분명 '위로부터' 강요된 언어 교체 현상입니다. 그렇다면 유럽의 경제 발전이 전세계로 확장되면서 중심과 주변의 분화가 일어나고, 그로 인해 한 나라 안에서, 그리고 나라와 나라 사이에서 소수언어들이 압박을 받고 있는 상황은 어떻게 설명할 수 있을까요? 이 경우에는 누구도 언어를 바꾸라고 강요하지 않습니다. 대개 '아래로부터' 자발적으로 발생하는 언어 교체입니다.

경제 성장과 이익을 위해 중심지의 언어를 쓰려는 것은 매우 자연스러워 보입니다. 하지만 이것은 과연 '자발적'이고 '자연스러운' 현상일까요? 서울 방송국의 아나운서가 되고 싶은 경상남도 남해의 한 여대생이 사투리를 고집한다면, 그녀는 평생 아나운서가 될 수 없을 것입니다. 한국 남자와 결혼해서 강원도 시골에 와 살게 된 베트남 여인은 남편과 시부모, 그리고 동네 사람들과 살아가기 위해서 한국어를 배워야 할 것입니다. 수도 아부자에 가서 공무원이 되고 싶어 하는 나이지리아의 시골 청년은 자신의 부족이 쓰는 토착어 대신 영어를 써야만 할 것입니다. 이러한 가상의 사례들이 말해 주는 것은 주변부의 사람들이 중심부의 언어를 선택하는 일이 '자발적'인 것처럼 보이지만 그것이 원래 의미에서의 '자발'은 아니라는 점입니다. 경제적 불균등이라는 상황에서 살아남기 위해, 혹은 자신의 자아를 실현하기 위해서 중심부로 가야만 하는 주변부 사람들에게 자신의 언어를 버리거나 숨기는 일은 선택이라기보다는 '피할 수 없는 강요', '보이지 않는 억압'이 아닐까요?

이제 국제 사회에서 노골적인 정치적 압력이나 식민지 지배는 사라진 것처럼 보입니다. 하지만 그것들은 아주 세련된 형태를 띠고 여전히 남아 있습니다. 압력의 가장 중요한 수단은 아마도 경제일 것입니다. 정치적 전쟁은 갈수록 잦아들고 있지만 '경제 전쟁'은 국가 사이에서만이 아니라 개인의 삶 속에서 점점 치열해지고 있습니다. 이 경제 전쟁은 12세기 유럽에서 자본주의적 생산이 가속화될 무렵부터 시작되어 15세기 유럽이 주도한 식민주의 시대를 거쳐, 이제는 경쟁에서 살아남기 위해 또다시 지배자의 언어를 써야 하는 사람들, 자신의 언어를 감추거나 버려야 하는 주변부의 수많은 사람들에게까지 이어지고 있습니다. 이 경제 전쟁, 중심과 주변 사이의 경제적 불균등은 멈출 기미를 보이지 않습니다. 그러면서 경제 성장의 주변부에 위치한 사람들의 언어들은 속수무책으로 사라져 가는 것입니다.

지금까지 우리는 지구상에 존재하는 수많은 소수언어들이 어떤 과정을 거쳐 사라져 갔는지, 그리고 사라져 가고 있는지를 살펴봤습니다. 우리는 그 근원에 대한 탐색을 신석기 시대의 농업혁명과 12세기 유럽에서 일어난 산업혁명에서부터 시작했고, 식민주의와 제국주의 시대를 거쳐 경제가 거의 전부가 되다시피 한 오늘날까지 왔습니다. 이 과정은 그리 간단하지 않습니다 언어가 한순간에 사라지지는 않으니끼요. 그것은 환경·정치·경제·사회·문화의 변화와 관련되어 있고, 민족·국민·부족·개인 차원에서의 여러 요소들과 연결되어 있습니다.

언어가 단지 소통의 도구이기만 하다면 언어를 바꾸는 일이나 소수언어가 사라지는 현상은 별로 문제되지 않을 것입니다. 현재 더 많은 사람들이 쓰고 있는 언어, 사람들에게 더 많은 기회를 줄 수 있는 언어를 쓰면 그만이니까요. 하지만 사람들은 쉽게 그런 방법을 택하지 않습니다. 새로운 언어의 습득이 힘들기도 하거니와 언어가 그 언어를 쓰는 사람의 정체성과 뗄 수 없는 관계를 가지고 있다는 사실을 누가 가르쳐 주지 않아도 알고 있기 때문입니다. 게다가 언어에는 사용자들이 세대에 걸쳐서 자식들에게 전수하는 삶의 지식들이 집적되어 있습니다. 따라서 어떤 민족이나 부족이 고유한 언어를 새로운 언어로 교체하면 그들은 새로운 언어에 집적되어 있는 세상을 볼 수밖에 없습니다. 세상을 보고 표현하는 도구가 바뀌는 순간 세상 자체도 바뀌고, 그 도구를 쓰는 사람도 바뀝니다. 이런 일들이 인류 역사를 거치면서 쉼 없이 계속되어 오고 있습니다.

언어와 언어 사이의 권력 관계

지금까지의 논의를 보면 소수언어의 사멸에서 공통되는 한 가지 요인을 발견할 수 있습니다. 그것은 바로 힘, 혹은 권력입니다. 우리는 농업혁명을 통해 등장한 정착사회, 그로 인한 계층화와 통제·지배의 문화가 약한 사회를 정복하게 만들었음을 보았습니다. 그러한 힘이 유라시아 문명에 집중되면서, 특히 유럽을 중심으로 식민화와 제국주의가 일어난 것입니다. 그리고 대규모 어족들이 주변 지역으로 퍼져 나가는 과정, 그리고 식민화와 제국주의에 의해 토착민들이 학살되거나 종속되면서 유럽의 언어들이 토착 소수언어들을 대체하는 과정을 보았습니다. 언어의 죽음에는 강한 세력이 약한 세력을 죽이고, 누르고, 지배하는 권력이 담겨 있는 것입니다. 또 우리는 유럽에서 일어난 급격한 생산력의 발전과 자본주의의 확산을 살펴보았습니다. 그 변화는 도시와 시골, 혹은 중심지와 주변부라는 경제적 불균등을 낳았고, 그 속에서 주변부의 사람들은 생존을 위해 중심부의 문화를 따라가는 경향을 보인다는 점을 알게 되었습니다. 이러한 현상은 국가 사이에서도 발생하여, 소위 선진국이라고 불리는 유럽과 북미의 몇몇 나라들이 만들어 놓은 국제 경제 구조에 나머지 나라들이 따라 움직여 갑니다. 중심과 주변의 관계가 생기는 것입니다. 이 속에서 주변부의 나라들(개발도상국이나 후진국)은 자신의 언어를 버리기까지는 하지 않을지라도 중심부 나라들의 언어를 적극적으로 받아들이는 경향을 보입니다. 식민지 경험을 가진 나라들은 독립 후에도 여진히 파거 지배국에 종속되는 일이 많고, 그 때문에 엘리트 계층을 중심으로 지배자들의 언어가 계속 유지됩니다. 여기에서도 역시 언어는 권력, 특히 경제적 권력을 가진 집단을 중심으로 재편이 되곤 합니다. 따라서 우리는 소수언어들의 죽음을 살펴보면서 이러한 권력의 문제를 언제나 염두에 두어야 할 것입니다.

영국의 유명한 희곡작가이자 시인인 윌리엄 셰익스피어의 희곡 중에 『폭풍The Tempest』이라는 작품이 있습니다. 이 희곡에서 주인공 프로스페로는 동생의 계략에 의해 밀라노에서 쫓겨나서 딸과 함께 무인도에 도착하여 그곳의 지배자 노릇을 합니다. 그에게는 허드렛일을 맡아 하는 칼리반이라는 노예가 있는데, 칼리반은 과거에 섬을 지배했던 여자 시코락스의 아들이지요. 프로스페로는 칼리반이 어렸을 적부터 휘하에 두고 글과 말을 가르쳤습니다. 그런데 나중에 칼리반이 그에게 반항하자 숫자 세는 법과 말하고 쓰는 법을 다 가르쳐 놨더니 배은망덕하다고 꾸짖습니다. 그러자 칼리반이 그에게 쏘아붙입니다. "당신은 내게 언어를 가르쳐 줬지만, 그로 인해 내게 좋은 점 딱 한 가지는 어떻게 저주를 퍼붓는지 알았다는 것이지." 이후에 칼리반은 프로스페로를 죽이고 섬을 되찾으려고 하지만 결국 실패하고 다시 노예 신세로 돌아갑니다.

이 작품을 언어에 관한 우리의 논의 속에서 읽을 때 여러 시사점을 찾을 수 있습니다. 칼리반은 프로스페로에 의해 원래 쓰던 언어를 잃고 프로스페로의 언어를 배우게 되었습니다. 강한 자에 의해 약한 자의 언어가 사라져 버린 것이지요. 프로스페로는 은혜를 베푼 것처럼 얘기하지만, 실은 칼리반을 노예로 부려 먹기에 불편하지 않도록 자신의 언어를 가르친 것입니다. 지배자의 언어가 피지배자에게 교육되는 이유는 은혜를 베풀기 위해서가 아니라 지배자의 이익을 위해서입니다. 일본이 한국을 지배하면서 철도를 놓거나 건물을 세우고 일본어를 가르친 것이 우리 민족을 위해서가 아니라 철저히 대동아공영권을 위한 수단이었던 것처럼 말입니다. 칼리반은 이를 똑똑히 알고 있었기 때문에 프로스페로의 언어를 배운 것이 오직 그를 욕하는 데만 유용할 뿐이라고 내뱉은 것이죠.

언어와 언어 사이에 보이지 않는 권력이 작동하고 있다는 것이야말로 우리가 소수언어의 죽음을 보면서 기억해야 할 점입니다. 모든 소수언어의 죽음은 위로부터 강제되었든, 혹은 선택의 여지가 없는 사람들이 아래에서부터 받아들였든, 권력의 불균형 속에서 일어나는 일입니다.

앞으로 우리는 소수언어의 죽음을 넘어서 영어라는 언어를 살펴볼 것입니다. 영어야말로 우리가 지금까지 이야기했던 '힘센 언어', 즉 소수언어의 죽음을 이끌었던 정치적·경제적 지배의 역사를 대표하는 언어입니다. 영어는 스페인어, 포르투갈어, 프랑스어, 독일어 등과 함께했던 제국주의 시대의 언어이자, 경제가 세계의 중심이 됨으로써 과거 제국주의의 언어들이 영향력을 잃은 오늘날 독보적으로 세력을 확장하고 있는 언어입니다. 이제 영어가 소위 '세계어'가 되어 온 역사와 현재를 살펴봄으로써 우리가 영어를 어떻게 봐야 하는지에 대해 진지하게 질문해 봅시다.

헨리 5세와
권력의 언어

셰익스피어의 역사극 『헨리 5세』는 새로 왕위에 오른 헨리 5세가 프랑스 원정을 떠나 전쟁에서 승리하는 역사적 사건을 다루고 있다.

아직도 영국 역사에서 '위대한 승리'로 묘사되는 아쟁쿠르Agincourt 전투를 시작하기 직전, 헨리 5세는 영국 곳곳에서 징집된 병사들에게 이렇게 연설한다.

소수의 우리들, 소수의 행복한 우리들, 우리 형제들이여 –
오늘 나와 함께 피를 흘리는 이는
나의 형제가 될 것이다(4막 3장 60-62)

이 연설을 들은 일개 병사들의 심정은 어땠을까? '높으신 왕이 나와 '형제'라니! 함께 프랑스군과 싸워 피를 흘릴 때 왕과 내가 형제가 될 수 있다니!' 하면서 감격하지 않았을까? 셰익스피어의 희곡에 병사들의 반응에 대한 지문이나 대사가 나와 있지는 않지만, 그때나 지금이나 연출가들은 헨리 5세의 연설이 끝나자마자 병사들의 함성이 터져 나오는 방식으로 이 장면을 무대에 올린다. 유명한 영화감독 케네스 브래너Kenneth Branagh가 영화로 각색한 〈헨리 5세〉에서 이 장면은 영화 전체에서 가장 감동적인 장면으로 그려지기도 한다.

하지만 병사들을 향해 "우리 형제들이여"라고 외치는 헨리 5세는 진정으로 병사들을 '형제'라고 생각했을까? 그의 연설을 듣고 감동해 아쟁쿠르 전투에서 열심히 싸우다 죽은 병사들 개개인에게 '형제'라는 단어는 무엇을 해줄 수 있을까?

혹시 헨리 5세의 연설은 자신의 이익과 권력을 위한 싸움에 민중들을 끌어들이기 위해 교묘하게 구사된 속임수가 아닐까? 여러 가지 해석이 가능하겠지만, 전투가 끝난 이후의 장면에서 헨리 5세는 죽은 이들의 이름을 부르며 그들에게 애도를 보낸다. 그러나 그 명단에는 오직 귀족들만 포함되어 있을 뿐, 다른 병사들에 대한 언급은 단 한 줄도 없다. 그런데도 병사들은 아직도 왕과 형제지간일까? 모든 전투가 끝나 이제 병사들이 할 일이 없을 때도?

언어는 절대로 권력 관계와 떼어 놓고 생각할 수 없다.

특히 정치권력을 가진 국가의 지도자들은 언제나 부드러운 말로 국민들을 이끈다. 아무리 독재를 일삼거나 비겁하기만 한 지도자라도 국민이 자신을 따르게 하기 위해서라면 국민과 자신을 일치시키는 등 다양한 방식의 말들을 쏟아 낼 것이다. 제2차 세계대전을 일으키고 수많은 유대인을 학살한 독일의 파시스트 지도자 히틀러도 권좌에 오를 때 쿠데타를 일으키거나 무력을 동원하지 않았다. 그는 뛰어난 연설로 독일 국민들을 자기편으로 만들었고, 결국 선거에서 이겼던 것이다. 헨리 5세나 히틀러의 시대는 완전히 끝났을까? 과연 오늘날의 권력자, 즉 정치가나 재벌총수들은 국민들이나 노동자들에게 '진실'만을 말할까? 우리는 그들이 하는 말을 있는 그대로 받아들여도 될까?

왼쪽 그림은 15세기 아쟁쿠르 전투를 묘사한 태피스트리.

A B C D E
E G H I J K
L M N O P
Q R S T U
V W X Y Z

2

영어는 어떻게
세계를
집어삼켰는가?

영어를 오늘날의 '세계어'라고 하는 것은 과장된 표현이 아닙니다. 언어학자 브라지 카츠루Braj Kachru는 영어가 전세계에 퍼진 현상을 나이테 모양의 세 개의 동심원 모델로 설명합니다. 그에 따르면 영어를 생활어로 쓰는 맨 안쪽 원에는 미국, 영국, 아일랜드, 캐나다, 오스트레일리아, 뉴질랜드 등이 포함되고, 그 사용 인구는 3억 2,000만~3억 8,000만 명 가량입니다. 모어로는 아니지만 영어를 주요 공용어로 사용하는 나라를 표시한 가운데 원에는 인도, 싱가포르, 필리핀 등이 속하며, 사용 인구는 1억 5,000만에서 3억 명 정도입니다. 영어를 생활어로도 공용어로도 사용하지 않지만 그 중요성을 인식하여 외국어로 꾸준히 가르치는 나라들이 가장 바깥 원을 형성하는데, 중국, 러시아, 일본, 한국, 그리스 등이 여기에 속하고, 이들 나라에서 영어를 구사하는 인구 수는 최소 1억~10억 명 정도라고 합니다. 언어학자들의 계산에 따르면 영어를 생활어 수준으로 쓰는 사람을 가장 적게 잡았을 때 4억 7,000만 명 정도이고, 어느 정도 구사하는 사람들까지 합치면 거의 18억 명에 가깝다고 합니다.

사용 인구 수에서뿐 아니라 전세계의 각종 사회·문화·기술적 관계에서도 영어의 영향력은 압도적입니다. 유엔의 독립기구 및 기관이 사용하는 주요 언어가 영어이고, 1만 2,500여 개가 넘는 국제기구들 중 85퍼센트가 영어를 공용어로 쓰고 있습니다. 주요 신문과 방송·광고에서 가장 많이 사용되는 언어도 영어입니다. 월드컵이나 올림픽 같은 국제 스포츠 경기에서도 영어는 개최국의 언어 뒤에 반드시 나옵니다. 영어는 국제 항공관제 용어이기도 해서 관제사들과 조종사들은 영어로 의사소통을 합니다. 무엇보다 영어는 정보통신의 공용어 기능을 합니다. 현재 전자형태로 저장되어 있는 정보의 80퍼센트는 영어로 되어 있습니다. 컴퓨터와 인터넷이 미국에서 발명되고 발전되었기 때문이기도 하겠지만, 어쨌든 정보통신 분야와 관련된 절대다수의 기술언어들은 영어로 되어 있습니다.

이런 사실들로 볼 때 영어가 세계어라는 점은 부정할 수 없을 것입니다. 아직 한국어도 서툰 유치원 아이들에게 영어를 가르치고, 여러 논란 속에서도 '영어몰입교육' 계획이 끊임없이 시도되는 것도 이러한 영어의 세계적 위상 때문입니다. "영어는 세계인의 공용어이므로 배우는 것이 좋다"라는 말에 동의하지 않을 사람은 없을 것입니다. 그러나 영어가 어떻게 세계어의 위치에 올랐는지에 대해 질문을 던지는 사람도 별로 없는 것 같습니다.

자연스러워 보이는 현상에 질문을 던지는 순간, 그 전에는 보이지 않던 면들을 보게 됩니다. 이 장에서는 영어가 세계어로 등극하게 된 과정을 살펴보기로 하지요.

로빈슨 크루소의 미소:
왜 크루소는 프라이데이에게
영어를 가르쳤을까?

어린 시절, 저는 무인도에 표류한 사람들의 모험담을 다룬 이야기들을 좋아했습니다. 그도 그럴 것이 세계명작전집 같은 전집류에 빠지지 않고 등장하는 것이 그런 모험담이었거든요. 『15소년 표류기』나 『걸리버 여행기』는 저를 포함한 많은 어린이들이 즐겨 읽었던 소설이었지요. 이런 모험담뿐 아니라 세계 곳곳을 돌아다녔던 탐험가들의 전기 또한 세계위인전집에 항상 등장했지요. 아메리카 대륙을 '발견'했다는 콜럼버스가 대표적이었고, 마젤란이나 제임스 쿡 선장의 전기는 어린이들에게 모험 정신을 심어 주었습니다. 저도 그런 책들을 읽으면서 '나도 커서 배를 타고 바다로 나가 알려지지 않은 대륙을 발견해야지' 하는 꿈을 품고는 했지요. 하지만 모험담이나 탐험가들의 전기를 읽으면서 제가 깨닫지 못했던 사실이 하나 있었습니다. 바로 이야기 속 주인공들은 모두 백인이었다는 사실입니다. 그리고 이 백인들이 모험하고 탐험하던 무인도나 신대륙에 살던 사람들은 대부분 '식인종', 아니면 발가벗고 짐승처럼 사는 유색인들로 묘사되었지요. 그래서 이들의 모험을 따라가 보면 우리는 어느 순간 백인 모험가들의 편에 서서 식인종이나 유색인들을 두려워하게 되지요. 백인 모험가들이 '나쁜' 식인종들을 무찌르거나 정복할 때, 혹은 무

'그들'을 위해 만들어진 야만, 식인종

식인종은 말 그대로 인간을 음식처럼 먹는 풍습을 가진 이들을 일컫는다. 식인 현상은 네안데르탈인에서 시작해 그리스 신화에도 등장하며 고대와 중세, 최근에는 제2차 세계대전에서의 사례들까지도 알려져 있다. 즉, 식인은 시간과 공간에 관계없이 전세계적으로 찾아볼 수 있는 현상인 것이다. 하지만 '식인종cannibal'이라는 말이 카리브해에 사는 카리브족Caribs의 식인 풍습을 묘사한 데 그 어원이 있는 것처럼, 식인종은 다분히 유럽인들의 시각에서 비유럽 유색인들의 야만성을 극명히 보여 주는 말로 사용되었다. 유럽인의 시각에 따르면 식인종은 문명의 부재를 의미하며, 따라서 이들은 정복되거나 교정되어야 할 대상이다. 이로써 유럽의 식민주의는 스스로 그 문명적 '정당성'을 획득하게 되었다. 초기 식민주의의 영향 속에서 등장한 여러 탐험 이야기에 식인종이 거의 빠짐없이 등장하는 이유가 여기에 있다. 식인종이 없었더라도 유럽인들은 식인종을 만들어 내야만 했을 것이다.

시무시한 야만인들의 손에서 빠져나와 고향으로 무사히 돌아갈 때, 우리는 저도 모르게 같이 안도하며 기뻐했습니다.

그런데 백인 주인공들의 입장이 아니라 식인종과 유색인의 입장에 서서 생각해 본다면 어떨까요? 사실 사람 고기를 먹는다는 '식인종'이라는 말 자체가 유럽인들의 지나친 공포와 과장에서 탄생한 말입니다. 또한 설사 어떤 부족에게 식인 풍속이 진짜 있었다 한들, 과연 그것은 없어져야만 할 잔인한 풍속이었을까요? 어떤 원주민에게는 식인 풍속이 오랜 전통을 통해 전해져 내려온, 너무나 자연스러운 문화가 아니었을까요? 또 평생 섬에서만 살던 원주민이라면 어느 날 갑자기 이상하게 생긴 사람들이 자신들의 터전에 들어왔을 때 당황스럽거나 두렵지 않았을까요? 신대륙에 도착한 백인의 입장이 아닌 원주민의 입장에서 본다면 아마 이야기는 많이 달라질 것입니다. 우리가 알고 있는 콜럼버스는 실제로 아메리카를 '발견'한 것도 아닐 뿐더러(왜냐면 이미 그곳에 살고 있는 사람들이 있었으니까요), 친절하게 자신들을 맞이했던 온순한 원주민들을 무자비하게 학살하고 자원을 빼앗은 사람입니다. 세계명작전집에 등장했던 모험담과 탐험가들의 이야기는, 실은 원주민들의 땅을 '침범'한 사람들의 이야기이고, 유색인 원주민의 문화를 폄하하여 식인종이나 야만인으로 그려 내는 사람들의 이야기이며, 끝내 남의 땅에 자신의 깃발을 꽂고 원주민들을 굴복시킨 정복자들의 이야기이기도 합니다.

이 이야기들은 유럽 식민주의와 제국주의의 역사이기도 합니다. 식민주의란 강력한 군사력으로 남의 땅을 정복하여 원주민들을 지배하고, 그 땅에서 생산되는 원자재들을 공짜, 혹은 헐값으로 사들여서 본국의 산업 발전에 이용하는 체제를 말합니다. 정복국은 자국의 시민이나 처치 곤란

한 범죄자들을 식민지로 보냄으로써 그 땅에 사람과 체제, 문화를 심었지요. '백성들을 심다'라는 뜻을 가진 한자어인 '식민植民'은 바로 여기에서 나온 말입니다. 제국주의는 식민주의보다 좀 더 넓은 개념으로, 무력과 정치력으로 다른 나라를 정복하여 자기 나라의 영향권 안에 들이는 모든 행위를 일컫습니다. 식민주의 역시 크게 보면 제국주의의 일면이지요. 제국주의야말로 탐욕으로 인해 사람들이 다른 사람들을 죽이고 노예로 삼는, 인류가 저지를 수 있는 가장 나쁜 범죄입니다.

제국주의의 기원은 고대로 거슬러 올라가지만, 그것이 유럽과 중동을 벗어나 전세계로 확산되기 시작한 때는 15세기 후반부터입니다. 그러다 19세기 후반에서 20세기 초에는 유럽의 몇몇 제국들이 아시아, 아프리카, 아메리카, 오세아니아의 거의 모든 땅을 식민지로 거느리게 되지요. 유럽의 제국들은 식민지 확산을 국력의 확장으로 칭송했는데, 앞서 얘기한 탐험가들은 그 식민지 '발견'의 선봉에 섰던 사람들입니다. 무인도 표류 모험담들 역시 식민지 건설 과정을 재미있게 변형시킨 것들이지요. 하지만 거기에는 유럽인들이 원주민들을 얼마나 잔인하게 대했는지는 쏙 빠지고, 원주민들을 공포스러운 존재로 묘사함으로써 이들에 대한 정복과 지배를 당연한 것으로 만들었습니다.

모험담들 중 가장 대표적이고 유명한 작품은 아마 영국 소설가 대니얼 디포Daniel Defoe가 1719년에 발표했던 『로빈슨 크루소Robinson Crusoe』일 것입니다. 이 작품은 출간되자마자 엄청난 인기를 끌었던 베스트셀러였으며, 지금까지도 동화책·만화·영화 등으로 꾸준히 각색되면서 사랑받고 있지요. 이 소설은 로빈슨 크루소라는 한 영국인이 타고 가던 배가 난

파되어 무인도에 표류했다가 무사히 영국으로 돌아오는 과정을 그리고 있습니다. 이는 시선을 다르게 해서 보면 영국인이 자신의 이성과 합리성을 바탕으로 미지의 섬을 정복하는 이야기, 즉 식민지를 건설하는 이야기입니다. 소설이 발표된 18세기 초는 영국의 제국주의가 고도로 성장하여 세계 곳곳에 새로운 식민지들을 건설하고 있던 때였음을 떠올리시면 이해가 더 쉬울 것입니다. 사실 로빈슨 크루소가 도착한 섬은 무인도가 아니었습니다. 그 섬에는 때때로 식인종들이 와서 사람을 잡아먹으면서 제의를 벌이곤 했습니다. 이를 안 크루소는 무서움에 떨지만, 결국 그들에게 잡혀 죽을 뻔했던 유색인을 구해 냅니다. 크루소는 그를 하인으로 쓰기로 하고 그를 구한 날인 금요일을 따서 '프라이데이'라는 이름을 붙여 줍니다. 그리고 크루소는 이런 일기를 씁니다.

나는 새로운 동료가 생긴 것이 매우 기뻤고, 그가 유용하고, 쓸모 있고, 도움되는 사람이 되는 데 적당한 모든 것들을 가르쳤다. 그중에서도 특히 그가 말을 할 수 있도록, 또 내가 말할 때 나를 이해할 수 있도록 가르쳤다. 그는 내가 아는 사람들 중 최고로 빠른 습득 능력을 가졌다.

소설 속의 이 대목은 크루소가 프라이데이에게 영어를 가르쳤음을 말해 주는데, 이는 아마 유색인에 대한 '영어 교육'을 묘사한 최초의 문헌일 것입니다. 이 인용 구절에서 알 수 있는 점은, 영어가 기본적으로는 소통의 '수단'("그가 말을 할 수 있도록, 또 내가 말할 때 나를 이해할 수 있도록")이지만, 애초에 그 이상의 다른 '목적'을 담고 있다는 점입니다. 크루소가 프라이데이를 구한 이유는 하인이 필요했기 때문이었고, 그가 프라이데

프라이데이의 맹세, 대니얼 디포의 선언

로빈슨 크루소는 자신이 구해 낸 유색인이 발치에 꿇어 앉아 영원한 노예가 되겠다고 맹세한 순간, 그에게 프라이데이라는 영어식 이름을 지어 준다. 그것은 제국주의에 의한 식민지배가 정당하다는 작가의 선언이나 마찬가지였다.

1719년에 발행된 『로빈슨 크루소』의 초판 표지.

이에게 "모든 것"을 가르친 이유 역시 이 온순한 유색인을 "유용하고, 쓸모 있고, 도움되는 사람"으로 만들기 위해서, 즉 제대로 된 하인으로 기르기 위해서였습니다. 영어는 그 가르침을 위한 1차적 수단이었던 것이지요. 크루소가 프라이데이의 말을 배우려고 하는 대신 프라이데이로 하여금 영어를 구사하도록 가르치는 일이 완전히 자연스럽게 묘사되는 것을 눈여겨보세요. 게다가 프라이데이에게 원래 이름이 있었을 텐데도 크루소는 자기 식대로 새 이름을 붙임으로써 그를 '자기 것'으로 만들어 버립니다. 유색인에 대한 영어 교육은 그 시작부터 '주인-하인'의 권력 관계 속에 있음을 여기서 알 수 있습니다.

이와 똑같은 과정을 『로빈슨 크루소』가 발간되기 100여 년 전에 나왔던 셰익스피어의 『폭풍』에서도 발견할 수 있습니다. 앞에서 다뤘던 줄거리를 기억해 보세요. 원래 주인인 시코락스를 죽이고 섬의 주인이 된 프로스페로가 시코락스의 아들 칼리반(식인종을 뜻하는 '카니발cannibal'의 철자를 뒤섞어 만든 이름)을 하인으로 부리기 시작하고 나서 맨 처음에 한 일 역시 언어와 수數를 가르치는 것이었습니다. 그래 놓고도 프로스페로는 반항하는 칼리반에게 "네가 말할 수 있도록 언어와 수를 가르쳐 줬는데, 이 배은망덕한 놈!"이라고 소리를 지르죠. 즉 하인을 만들기 위한 '가르침'이 '은혜'로 둔갑해 버린 것입니다. 하지만 크루소는 프라이데이에게 그렇게 소리 지를 필요가 없었습니다. 칼리반과 달리 프라이데이는 아주 말을 잘 듣는 하인이었으니까요.
물론 제국주의자와 식민지인의 사이가 모두 크루소와 프라이데이처럼 부드럽지는 않았습니다. 침략자의 말을 안 듣고 주인에게 '반항'하는 칼리반 같은 원주민들이 더 많았지요. 그럴 때면 제국주의자들은 언제나 총과 칼로 무자비하게 이들을 탄압함으로써 제압했습니다. 또한 크루소와 프라이데이의 관계가 부드러웠다고 해서 문제가 없는 것은 아닙니다. 아니, 오히려 크루소 같은 부드러운 지배자들은 피지배자들이 제국주의를 폭력이 아닌 도움과 은혜로 받아들이게 함으로써 지배 체제를 단단히 만들었다는, 더 큰 문제가 있습니다.

크루소는 영어를 잘 배우는 프라이데이를 보며 흐뭇하게 미소 짓습니다. 그는 제대로 된 하인을 길러 낸 것입니다. 로빈슨 크루소가 프라이데이를 보며 느꼈을 뿌듯함, 동료가 생겼다고 기뻐하는 감정은 사실 얼마나 이기적이고 제국주의적이었던가요? 프라이데이가 아무리 영어를 잘하고 주인의 말을 잘 들어도 그가 '로빈슨 크루소'가 될 수는 없습니다. 로빈슨 크루소가 아무리 착하고 친절해도 그가 제국주의자의 전형이라는 사실 역시 변하지 않습니다. 그런데도 프라이데이는 영어로 크루소와 소통하고 있는 자신이 사실은 지배당하고 있다는 사실을 알지 못합니다. 영어가 소통과 이해의 수단인 것처럼 선전되지만 실은 지배와 착취의 관계를 숨기고 있기 때문이지요. 영어를 통해 주인의 가치관과 세계관을 받아들이는 프라이데이의 모습은 바로 영국 제국주의자들이 그토록 바랐던 원주민들의 모습이었습니다. 영국의 제국주의가 영어의 전파에 집중했던 이유는 바로 여기에 있습니다. 그런데 우리는 혹시 말 잘 듣고 영어 잘하는 프라이데이가 아닐까요?

사람들의 머릿속을 바꾸면 되지: 제국주의 시대와 영어의 확산

유명한 영어학자 데이비드 크리스털 David Crystal은 "영어는 항상 이동하는 언어"였다고 말합니다. 그러면 어떻게 영어가 '이동'했는지 잠깐 살펴볼까요. 영어의 시작은 5세기에 북유럽에 살던 앵글로색슨 사람들이 브리튼 섬에 침입한 뒤 그들의 게르만계 언어가 변형되면서부터입니다. 그후로 영어는 영국 땅의 원주민인 켈트족이 썼던 켈트어의 본거지인 웨일스, 코널, 컴브리아, 스코틀랜드 남부로 퍼져 나갔습니다. 그러다 1066년 프랑스의 노르만 정복 이후는 영국의 귀족들이 스코틀랜드로 도망가면서 영어가 스코틀랜드 전역으로 퍼집니다. 그리고 12세기 이후 앵글로-노르만 기사들이 아일랜드로 파견되어 아일랜드에도 영어가 번져 나가게 되지요(크리스털, 2002). 이때만 해도 영어는 영국 땅과 아일랜드 일부에서만 사용되던 언어였습니다. 영국의 독주에 저항하던 스코틀랜드와 웨일스 사람들은 꾸준히 자신들의 언어를 사용했고요.

영어가 영국이라는 섬에 국한되지 않고 세계로 퍼져 나가게 된 것은 16세기 말, 엘리자베스 1세때부터였습니다. 위대한 여왕으로 칭송받는 엘리자베스 1세는 영국 내부를 통합하고 강력한 해군력과 발전한 상공업을 통해 식민지를 개척하며 외부로 뻗어 나가기 시작했습니다. 영국의 첫 번째 식민지는 북아메리카로, 16세기 말과 17세기 초 사이에 미국과 캐나다로 영국인들이 이주하기 시작하면서 영어도 함께 퍼졌습니다. 이후의 역사는 우리가 잘 아는 대로입니다. 영국인들이 북아메리카 대륙의 원주민들을 학살하고 정복하면서 미국의 영토가 늘어 갔지요. 영국의 식민지였던 미국은 1776년에 독립을 선언하고 영국과의 독립전쟁 끝에 식민지 신세에서 벗어났습니다. 하지만 미국인들 역시 지속적으로 아메리카 원주민의 영토를 식민화하고 멕시코를 침략하는 등 영국과 똑같은 행태를 보였습니다. 영어는 이 과정에서 북아메리카 전역으로 번지게 되지요.

엘리자베스 여왕이 아메리카로 선박을 보내던 16세기만 해도, 대서양 무역의 패권은 남아메리카를 식민화한 스페인과 포르투갈이 잡고 있었습니다. 당시 유럽 최고의 자본주의 국가였던 네덜란드는 인도를 비롯한 아시아 지역에서 무역을 장악하고 있었지요. 영국은 이들을 물리치고 아메리카와 아시아 지역의 무역을 장악하기 위해 사력을 다했습니다. 결국 이익을 좇아 탐험에 나섰던 이들과 그들을 뒷받침해 준 강력한 영국 해군력으로 인해 영국은 18세기 무렵에 인도와 오스트레일리아, 뉴질랜드, 카리브해 지역, 그리고 아프리카의 여러 나라를 통치하게 됩니다. 그러면서 영어가 이들 지역으로 퍼져 나갔지요. 16세기에서 20세기 초에 이르는 500여 년 동안 전세계는 유럽 제국주의 열강들의 식민지 쟁탈 무대였다고 해도 지나친 말이 아닙니다. 이 시기 영국은 유럽 열강들 중에서도 가장 많은, 전세계 영토의 4분의 1 가량을 식민지로 차지하여 '해가 지지 않는 나라'라고 불렸습니다. 뛰어난 산업기술과 민주주의 정치 체제, 강력한 군사력을 바탕으로 19세기 무렵에는 세계의 패권국이 되어

팍스 브리태니커의 비밀

영국이 세계 영토의 4분의 1에 달하는 식민지에 이식한 아홉 가지는 영어·영국식 토지 소유
형태·스코틀랜드 및 영국식 금융·영국식 관습법·개신교·단체 운동경기·야경국가 형태·대
의제 의회제도·자유사상이었다. 그중에 제1은 영어였다.

1937년에 제작된 대영제국 지도.

'팍스 브리태니커Pax Britannica'의 시대를 맞게 됩니다.

역사학자 니얼 퍼거슨Niall Ferguson은 대영제국의 흥망을 분석한 책『제국 Empire』에서 영국이 식민지를 통치할 당시 가장 관심을 가지고 식민지에 이식했던 요소들 아홉 가지를 꼽고 있습니다. 그중 첫 번째는 영어입니다. 나머지는 영국식 토지 소유 형태·스코틀랜드 및 영국식 금융·영국식 관습법·개신교·단체 운동경기·야경국가 형태·대의제 의회제도·자유사상 등이죠. 왜 영어가 첫 번째 위치를 차지했을까요? 영어를 완전히 이식하는 일이야말로 나머지 여덟 가지 영국식 제도와 문화들을 자리 잡게 하는 지름길이었기 때문입니다.

『로빈슨 크루소』의 크루소가 프라이데이에게 그랬듯, 영국의 제국주의자들은 식민지인들에게 영어를 가르치는 데 열심이었습니다. 이들은 언어가 식민지 유지에 있어서 얼마나 중요한지를 알고 있었습니다. 하지만 모든 식민지 민중들에게 영어를 '무조건' 강요하지는 않았습니다. 영어를 기본 교과 과정으로 하고 행정에 필수적인 언어로 만들기는 했지만, 교육을 받지 못하고 자기 언어에 익숙해질 대로 익숙해져 있는 민중에게까지 영어를 가르치는 일은 비효율적이었으니까요. 그래서 영국은 식민지의 엘리트층을 상대로 영어를 비롯한 영국식 교육을 하는 데 주력했습니다. 가령 인도의 경우에는 1834년 매콜리 경Lord Macaulay의 말처럼 "피와 피부색에서는 인도인이지만, 취향과 의견, 도덕과 지성에서는 영국인인 일련의 사람들"을 길러 냈던 것이지요.

한번 상상해 보세요. 세계 영토의 4분의 1을 식민지로 가지고 있는 나라가 수많은 식민지에 모두 영국인들을 보내어 통치를 한다면 어떻게 되겠습니까? 아마 고급·중간 관리들을 길러 내는 데만 해도 엄청난 시간과 비용이 들 것입니다. 영국은 이런 비효율성을 극복하기 위해서 식민지의 지배층들을 제2의 영국인으로 만들고, 영국의 문화와 체제를 동경하게 된 그들이 민중을 통치하게 함으로써 식민지를 관리했습니다. 영국으로 서는 인력과 경비를 아낄 수 있을 뿐 아니라 현지인들과의 마찰도 줄일 수 있는 방법이었죠. 영국의 제국주의가 다른 서구 열강의 제국주의보다 '신사적'이었다고 평가하는 학자들이 많이 하는 얘기가 "영국의 식민지 에서는 가혹한 통치나 민중들의 반란이 비교적 드물었다"라는 것인데, 사실은 '신사적'이었다기보다 '효율적'이었다고 하는 게 맞을 겁니다. 게다가 이러한 분할통치 방식이 영국의 입장에서는 효율적이었을지 몰 라도 식민지 국민들에게는 억압통치보다 더 나쁜 결과를 가져왔습니다. 분할통치는 식민지 국민들 간의 갈등을 낳았기 때문에 독립 후에도 나라 가 심각한 분열로 얼룩지거나, 제국주의 유산을 청산하지 못한 엘리트들 의 재집권이 일어났으니까요.

식민지 개척은 낯선 타지에서 전쟁을 벌이고, 지배하고, 통치하는 일입 니다. 그러므로 조국에 대한 자부심 없이 이익만을 생각하며 해내기에는 매우 힘든 일임에 틀림없습니다. 따라서 제국주의 시대에는 자국의 역사 와 문화를 무조건 자랑스럽게 여기는 분위기가 팽배해집니다. 영국도 마 찬가지였습니다. 특히 영어는 유럽대륙에서 떨어져 있는 섬나라 영국의 정체성을 이루는 핵심이었지요. 1599년에 새뮤얼 대니얼Samuel Daniel이 라는 시인은 다음과 같은 시를 썼습니다.

어느 낯선 해안에 우리말의 보물을 보내게 될지,
그 누가 언제 알게 될 것인가
우리 최고의 영광스러운 소득을 보내
지식의 창고가 없는 무지한 나라를 부자로 만들어 주고,
아직도 혼란 속에 헤매는 서쪽의 어떤 나라들을
우리의 말씨로 세련되게 만들어 줄 것인가.

영어라는 "보물"을, 그 "최고의 영광스러운 소득"을 세계의 다른 나라들에 보내어 그들을 "부자"로 만들고 그들의 말씨를 "세련"되게 만들자고 하는 이 시는 영어에 대한 영국인들의 자부심을 보여 줌과 동시에 세계의 다른 나라들을 정복하고, 지배하고, 거기에 영국의 문화를 심겠다는 제국주의적 발상을 드러내고 있습니다.

영국 제국주의의 전성기인 19세기에는 영어와 영국 문화 일반에 대한 영국인들의 자부심이 하늘 높은 줄 모르고 치솟게 됩니다. 이를 나타내는 말을 몇 개 인용해 볼까요? 1838년에 게스트 E. Guest라는 영국학자는 이렇게 말합니다.

영어는 급속도로 문명의 위대한 수단이 되어 가고 있다. 영어는 힌두교도들에게는 법과 문학의 언어가, 아프리카인들에게는 상업의 언어가, 태평양의 이런저런 섬나라 사람들에게는 종교의 언어가 되었다.

그런가 하면 1849년에 리드 H. Read는 다음과 같이 단언했습니다.

우리의 언어(영어)는 예술과 학문의 언어이자, 무역과 상업, 문명과 종교적 자유의 언어다. …… 영어는 문명과 기독교의 울타리 안에 위치한 나라들에게 다양한 지식을 가져다 주는 저장고이다. …… 머지않아 세계인의 국제적 의사소통의 언어가 될 것이라는 점을 예시하듯, 영어는 이미 널리 전파되었다.

20세기가 지나도 영어에 대한 이런 자부심은 변치 않습니다. 1911년, 롤스톤C. J. Rollestone이라는 사람은 이렇게 말합니다.

영국 국기는 세계의 5분의 1 이상의 나라들에서 펄럭이고 있고, 인류의 4분의 1이 영국 왕의 통치하에 있으며, 100명도 넘는 (각 나라의) 군주들이 영국 왕에게 충성을 다짐하고 있다. 영어를 쓰는 사람들은 다른 어떤 민족의 언어 사용자보다도 많으니, 언젠가 세계의 언어가 되려고 하는 영어의 노력은 정당하다. 이미 전세계 물품수송의 절반 가량이 영국인의 손에 의해 좌우되고 있지 않은가?

영어에 대한 당시 영국인들의 이런 엄청난 자부심을 어떻게 봐야 할까요? 자신들의 언어에 대한 애착이라고 자연스럽게 볼 수도 있겠지요. 우리가 학교에서 "한글이야말로 세계에서 가장 과학적이고 창조적인 문자 체계"라는 말을 들으면서 자랐던 것처럼요. 하지만 위의 인용문들에서 알 수 있듯, 영어에 대한 이 유별난 애착은 결국 자신들의 문화, 자신들의 체제를 다른 나라에 강제로라도 심어야 한다는 일종의 '의무'로 귀결되었습니다. 자신들만이 문명을 대변하고("영어는 문명의 위대한 수단"), 다른 민족들의 문화 발전은 오직 자신들을 통해서만 가능하다는("영어는 힌두교도들에게는 법과 문학의 언어가 ……되었다", "지식을 가져다 주는 창고") 오만함이 가득하지요. 이런 식의 사고는 사실 영국뿐 아니라 제국주의 시대 유럽 열강들이 공통적으로 가지고 있었습니다. 자신들의 문명과 문화에 대한 자신감이 지나치다 못해 그것을 세계의 다른 '미개한' 나라들에 전파하는 일을 신성한 의무로 여겼던 것이지요. 이를 흔히 '백인의 의무white man's burden'라고 합니다. 그래서 제국주의자들 대부분은 자신들이 다른 나라를 침략하거나 착취한다고 생각하지 않고, 오히려 그들에게 발전된 문명과 문화를 전달해 주는 이로운 일을 하고 있다고 굳게 믿었습니다. 그 '의무'의 뒤편에는 영토의 확장, 자원과 노동력 착취를 통해 자국의 경제를 부강하게 하려는 뒤틀린 '탐욕'이 있었지만요.

더 큰 문제는 영국인들의 이러한 자부심이 식민지의 엘리트층과 민중들에게도 영어를 통해 이식되었다는 겁니다. 나라를 빼앗긴 이들은 식민지 상태가 언제 끝날지 기약할 수 없었고, 다른 나라에 의해 정복당한 원인을 내부에서 찾고는 했습니다. 자신들의 힘이 약했고, 문화와 기술이 부족해서 결국 나라를 내주게 되었다는 식으로 말이지요. 그러다 보니 영어는 근대화와 서구화, 발전과 문명의 상징으로 탈바꿈했습니다. 그래서 기를 쓰고 영어를 배워서 서양의 지식을 받아들이려고 했지요. 영어와 영국식 교육을 받고 성장한 식민지의 엘리트층은 영국과 싸워 나라를 되찾는 것보다 훨씬 쉬운 길, 즉 자신이 '제2의 영국인'이 되는 길을 택합니다. 그래서 영국인보다 더 영국적으로 살려고 하고, 이를 통해 나라의 힘을 키워야 한다고, 혹은 출세를 해야 한다고 믿게 되었지요. 영국은 이들을 통해 '손 안 대고 코 풀듯이' 식민지를 다스릴 수 있었습니다. 왠지 익숙한 구조 아닌가요? 그렇습니다. 일본이 조선을 지배했을 때 항일 대신 친일을 선택했던 많은 엘리트 지식인들 역시 같은 생각을 했습니다. 그중에는 오로지 개인의 영달을 위해 일본의 앞잡이가 되기로 한 사람들도 있었지만, 한편으로는 친일을 하는 것만이 조선을 살리는 길이라고 믿은 사람도 많았습니다. 물론 이들의 고민에 이해할 만한 구석이 전혀 없는 것은 아니지만, 일본의 하수인 노릇을 했던 식민지 엘리트층들은 제국주의자들에게 너무나도 고마운 존재일 뿐이었습니다. 자신들의 '복제 인간'들을 길러 내기만 하면 큰 힘을 들이지 않고도 식민지를 장악하고 통치할 수 있었으니까요.

엘리자베스 1세의 통치가 끝날 무렵인 17세기 초에 영어를 쓰는 인구는 영국의 섬들에 사는 500만에서 700만 명 정도였지만, 엘리자베스 2세가 즉위한 1953년에 영어를 쓰는 사람의 숫자는 2억 5,000만 명이 되었습니다(데이비드 크리스털, 2002). 거의 50배 이상 증가한 것이지요. 그 사이에 무슨 일이 벌어진 걸까요? 위에서 살펴보았듯 그동안 영국의 식민지 개척과 제국주의 패권국으로의 성장이 있었던 것입니다. 영국이 다른 나라와 민족들을 침략하여 정복하고 착취하고 지배하는 과정에서 영어는 기하급수적으로 전파되었습니다. 그것은 전혀 자연스럽지 않은, 영국 제국주의자들의 치밀한 계획에 의한 것이었습니다. 식민지인들에게 영어를 가르치고, 영어를 할 줄 알고 영국식 교육을 받은 사람들만 성공할 수 있게 만듦으로써 영국은 식민지에 피부색만 다른 영국인들을 집중적으로 길러 냈습니다. 결국 이들에 의해 식민지가 굴러갈 수 있었던 것입니다. 총과 칼을 써서 사람들을 지배하는 일은 순간적 효과는 있을지 몰라도 결국 강한 저항을 일으킵니다. 그러나 사람들의 생각과 정신을 바꿔놓으면 총과 칼을 쓸 필요도 없이 부드러운 지배가 가능합니다. 영국 제국주의자들에게 영어는 자신들의 문화적 상징임과 동시에 식민지인들의 정신을 영국식으로 바꿈으로써 부드러운 지배를 가능하게 하는 최상의 수단이었습니다.

제2차 세계대전 이후 피지배국들이 독립을 쟁취하고, 영국은 세계대전을 거치며 새롭게 등장한 미국에게 '제국'의 지위를 넘겨주게 됩니다. 백년 넘게 지속된 대영제국의 패권이 과거 식민지였던 미국에게 넘어간 것이지요. 세계 권력의 지형이 바뀌는 상황에서 영국은 강국으로 남을 수 있는 새로운 전략을 모색하기 시작했습니다. 흥미롭게도 이 새로운 전략의 핵심에도 영어가 있었습니다.

식민지 시대의 끝,
부드러운 영어 전파의 시작

제2차 세계대전이 발발하기 전, 독일과 이탈리아의 파시즘 정권과 소련의 공산주의 정권은 자신들의 사상을 해외에 공격적으로 선전하는 데 힘을 쏟습니다. 이렇게 정치 세력이 문화를 주요 매개로 해서 자신들의 정치 이념을 공격적으로 알리고 교육하는 행위를 프로파간다propaganda라고 하지요. 영국은 파시즘과 공산주의의 프로파간다에 대항해야 한다고 여겼습니다. 그래서 영국의 사상과 체제를 문화적으로 전파할 수 있는 방법을 찾던 중에 탄생한 것이 1934년에 설립된 영국문화원British Council입니다. 이 기획은 영국 외무성Foreign Office에서 1920년에 한 번 시도했다가 지원 부족으로 실패한 적이 있습니다. 다른 유럽 열강들의 힘이 커지고 있음을 느끼던 1934년에 주로 자본가들의 지원을 받아 드디어 실행에 옮길 수 있게 된 것이지요. 왕실도 즉각 지원 의사를 밝혔습니다.

파시즘과 공산주의 세력의 프로파간다에 대항하기 위해 설립된 영국문화원은 처음부터 영어의 전파를 주요 목적으로 삼았습니다. 왜 그랬을까요? 위에서 살펴보았듯 영어를 교육하고 영국 문화를 동경하게 만드는 것이야말로 영국의 체제를 선전하는 가장 효율적인 수단이라는 것을 제국주의 시절의 경험으로 알게 되었기 때문입니다. 설립이 확정되고 1년

후인 1935년, 영국문화원의 공식 개원식에서 후에 에드워드 8세가 된 웨일스공⁂ 에드워드는 이렇게 연설합니다.

이 일의 기본은 영어가 되어야 한다. …… (그리고) 우리는 단지 영어를 말하도록 하는 것보다 훨씬 심오한 것을 지향한다. 우리의 목적은 가능한 한 많은 사람들이 우리 문학의 영광, 예술 및 과학, 정치 제도에 있어서 우리의 기여를 완전히 받아들일 수 있도록 돕는 것이다. 이 모든 일들이 우리의 언어를 널리 전파함으로써 가능한 일이다.

이미 눈치 채셨겠지만 웨일스공의 영어에 대한 인식은 19세기 영국 제국주의자들의 것과 완전히 일치합니다. 영어를 전파하는 이유는 "단지" 다른 이들에게 영어를 가르친다는 의미를 넘어서 "훨씬 심오한 것", 즉 영국의 문화·기술·정치 제도를 다른 나라들에 성공적으로 퍼뜨리는 데 있는 것입니다.

제2차 세계대전이 끝나자 소련을 중심으로 한 공산주의 세력과 미국과 영국을 중심으로 한 자본주의 세력은 냉전에 돌입합니다. 영국문화원은 이 시기에 가장 강력한 활동을 펼칩니다. 1954년, 영국 상원의 한 위원회가 영국의 외교정책 방향에 대한 의견을 제출한 보고서인 「드로이다 리포트Drogheda Report」는 대사관, BBC, 영국문화원을 통해 외교적 프로파간다를 펼쳐야 한다고 주장합니다. 이때도 영어는 모든 프로파간다의 핵심이지만, 표현의 강도는 1935년 웨일스공의 발언보다 훨씬 전면적이고 직접적입니다.

영국은 수출무역에 힘써야 하고, 해외 투자자들을 보호해야 한다. 홍보기구들(대사관, BBC, 영국문화원)은 영국의 경제 상황과 상업정책을 설명하고, 상대국에 대해 우호적인 분위기를 유지하고, 동양의 공용어로 영어 사용을 증가시킴으로써 이런 목적의 실현을 도울 수 있다.

실제로 이 리포트에서는 대사관, BBC, 영국문화원과 같이 해외를 겨냥한 프로파간다 기구의 목적을 다음과 같이 정리해 놓기도 했습니다.

- 영국의 대외정책을 지원할 것
- 영연방과 대영제국을 보존하고 힘을 실을 것
- 영국의 무역을 증가시키고 해외 투자를 보호할 것

이 리포트에서 알 수 있듯, 영어는 단지 문화로서가 아니라 경제·정치적인 목적을 달성하기 위한 수단으로 작동했던 것입니다. 이로써 영국 내각은 외국인에 대한 영어 교습, 즉 ELT English Language Teaching를 적극 지원하게 됩니다. 교사를 양성하기 위해 대학에 ELT 관련 학과를 신설하고, ELT 교사들이 영국에서 교육받을 수 있는 시스템을 만들고, 영국의 영어 관련 출판사들이 교과서를 수출할 수 있도록 최대한의 지원을 폈지요. 이유는 간단합니다. 외국, 특히 제3세계 국가들에서 영어 사용이 늘어 갈수록 영국의 문화적 힘도 튼튼해질 것이고, 그것이 투자와 무역 등에서 영국의 이익으로도 연결된다는 것을 알았기 때문입니다.

또 다른 주요 영어 사용국인 미국은 어땠을까요? 미국은 세계의 패권국가가 되기 전부터 제국주의적 확장을 꾸준히 실천해 왔지요. 미국은 북아메리카 대륙의 원주민들을 정복한 뒤 그들에게 영어를 가르침으로써 '미국인'으로 동화시키는 정책을 폈습니다. 미국은 유럽보다는 늦었지만 19세기 말부터 꾸준히 아시아 지역에 식민지를 만들기 위해 부단한 노력을 했던 제국주의 국가였습니다. 20세기 초에 필리핀을 정복했던 미국이 맨 처음 한 일 중 하나는 영어를 교육의 공용어로 만드는 일이었습니다. 『신식민 정치와 필리핀의 언어 투쟁 Neocolonial Politics and the Language Struggle in the Philippines』이라는 책에서 저자인 엔리케스V. G. Enriquez와 마르첼리노 E. P. Marcelino는 영어의 강제가 필리핀을 어떻게 변모시켰는지를 다음과 같이 말합니다.

미국 교과서를 통해 필리핀인들은 새로운 언어뿐 아니라 새로운 삶의 방식을 배우게 되었다. 영어를 마스터한다는 것은 그 사람이 교육받은 사람임을 말해 주었다.…… 미국과 필리핀 간의 식민주의적 관계가 말해 주는 것은 '언어가 곧 권력'이라는 점이다. 영어를 강제함으로써 필리핀은 미국의 정치·경제적 이해와 지배 이데올로기를 내재하고 있는 남의 언어에 의존하게 되었다. 빌려 온 언어에 한 나라가 의존하게 됨에 따라, 빌려 온 언어에 담긴 외국의 이론과 학문 방법들에 의존하게 되었고, 이는 결국 빌려 온 의식을 낳게 되었다. 사람들의 가치관을 매우 쉽게 주무를 수 있게 되자, 외국의 이해를 자국의 이해와 동일시하는 일도 쉬워졌다. 궁극적으로 미국은 필리핀인들을 복속시키고 자신들의 의지를 그들에게 강제하는 일을 쉽게 할 수 있었다.

필리핀은 제2차 세계대전이 끝난 직후인 1946년에 독립했습니다. 그러나 미국에 의해 만들어진 이 나라의 구조는 아직까지 남아 있어서 영어는 여전히 주요한 공용어로 사용되고 있습니다.

제2차 세계대전 이후 패권국가의 위치를 차지한 미국은 그때그때 상황에 따라 경제·정치·문화정책을 비꿔긴 했지만, 한 가시 변함없는 것은 미국식 자본주의 제도를 전파하고 헤게모니를 유지하는 데 영어를 이용해 왔다는 점입니다. 미국 역시 영국과 마찬가지로 1950년대 이후 미—소 냉전 상황 속에서 미국이 대표하는 자본주의 체제를 선전하기 위한 프로파간다로 외국인에 대한 영어 교육을 대대적으로 지원했습니다. 대학에 응용언어학과를 만들고, 외국인 학생들에게 영어를 가르치는 ESLEnglish as a Second Language 프로그램을 만들기 시작한 것도 이 무렵입니다. 1952년부터는 우파 재단인 포드 재단이 참여하여 해외 영어 교육 진흥에 돈을 댔고, 록펠러 재단 역시 해외 영어 교육과 관련한 여러 프로그램들에 재정 지원을 했습니다. 이 재단들이 미국의 중앙정보국CIA으로부터 자금 지원을 받았다는 점 역시 잘 알려져 있습니다. 1961년에는 '풀브라이트–헤이스 법안Fulbright-Hayes Act'이 만들어졌는데, 이 법안의 목적은 "미국인과 타국인들 간의 상호이해를 증진하고 …… 교육적·문화적 발전에 국제적으로 협력하기 위해, 그래서 미국과 전세계 다른 나라들 사이의 우호적·공감적·평화적 관계를 만들어 가는 데 원조하기 위해서"였습니다. 해외에서의 영어 교육을 증진시키기 위해 6개 이상의 정부 기관이 참여했습니다. 풀브라이트–헤이스 법안은 후에 '풀브라이트 프로그램'이라는 이름으로 미국과 다른 나라의 학생들, 학자들의 교류를 추진하는 시발점이 되었습니다. 무엇보다도 한국을 포함한 제3세계 국가들에게 '풀브라이트'라는 이름은 미국이라는 유토피아로 가는, '빛으로 충만한 full-bright!' 길이었습니다. 1960년대 이래 현재까지도 풀브라이트는 한국의 대학원생들을 미국 대학에 유학시켜 '친미인사'로 만드는 주요 창구입니다. 그래서 지금도 한국 학생들로 하여금 토플시험을 보기 위해 새벽부터 줄을 서게 만들고 있지요.

영어를 퍼뜨리고 교육시킴으로써 정치적·경제적·문화적 이해관계에서 이익을 낸다는 점에서 영국과 미국은 동일한 목표를 가지고 있었고, 따라서 두 나라는 언제나 협력 관계에 있었습니다. 사실 영국과 미국은 역사적 뿌리가 같고, 현대사에서는 항상 행보를 같이 해온 나라이기도 합니다. 1950년대 중반 이후 영국과 미국은 외국인에 대한 영어 교육을 학문적으로 논의하는 자리를 꾸준히 열었고, 자원과 정보를 교류하면서 영어 전파의 동행자가 되었습니다. 물론 이런 학술 행사에 참여하는 영국과 미국의 영어 교사들과 학자들은 영어 교육이 정치와는 관련이 없고 다만 학문적·교육적인 영역의 일일 뿐이라고 굳게 믿었지요.

영국과 미국에서 1950년대 이래 발전하기 시작한 영어 전파 사업은 애초부터 제2차 세계대전 이후의 새로운 국제 정세에 대응하기 위한 전략으로 만들어진 것입니다. 영어는 안으로는 자국의 언어와 문화에 대한 자긍심을 높이고, 밖으로는 자신들의 경제적·정치적·문화적 목적을 달성하는 데 효과석인 수단이있습니다. 영국과 미국이 공산주의에 대항하던 냉전 상황에서 영어와 영미 문화의 전파는 가장 비정치적으로 보이면서도 가장 부드러운 프로파간다였던 것입니다. 그러나 겉으로 부드러워 보이는 이 언어 교육이야말로 사실은 한 인간이 세상을 보는 눈을 바꾸고 가치관마저 좌우할 수 있는, 엄청난 힘을 가지고 있었던 정치적인 교육이었습니다.

언어 제국주의

'영국이나 미국이 자기 나라의 이익을 위해서 외국인에 대한 영어 교육에 힘을 쓰는 일이 뭐 그리 잘못된 일일까' 하는 의문을 가진 분들이 계실 것입니다. 물론 한 나라가 자신의 언어를 소중히 여기고 그 언어를 되도록 많은 사람이 쓰게 함으로써 자국의 이익을 도모하는 일이 무조건 잘못되었다고 할 수는 없을 것입니다. 하지만 영어의 확산 현상은 그렇게 단순한 논리로 접근하기에는 너무나 중대한 문제입니다.

첫째, 영어 확산 현상은 제국주의 시대의 유산에 그 뿌리를 두고 있기 때문입니다. 앞에서 살펴봤듯이 유럽의 제국주의자들은 비유럽대륙을 정복하여 식민지로 만들고 원주민을 학살하고 정복한 이후 원주민들의 언어를 자신들의 언어로 교체하려고 했습니다. 스페인의 인문학자 안토니오 데 네브리하 Antonio de Nebrija는 1492년에 스페인어를 가리켜 "해외 정복의 도구이자 교육받지 못한 무식한 말들을 국내에서 뿌리 뽑는 무기다. …… 언어는 언제나 제국의 동반자였고 언제까지나 제국의 동료로 남을 것이다"라고 말할 정도였습니다. 영국은 식민지의 권력자나 엘리트 층들에게 영어를 집중적으로 교육시킴으로써 식민지를 통치했습니다. 제2차 세계대전 이후 거의 모든 식민지는 해방을 맞았고, 식민지배자들은 본국으로 돌아갔으나 식민종주국의 언어까지 사라진 것은 아니었습니다. 한번 정착한 언어는 쉽사리 사라지지 않는 법이니까요. 게다가 식민지배자들이 만들어 놓은 정치·교육·종교·경제 구조는 여전히 살아남아서 독립국의 국민들을 지배하였습니다. 영어 역시 마찬가지여서 영국과 미국의 식민지였던 국가들은 아직도 영어를 공용어로 사용하고 있습니다. 영국과 미국의 영어 확산 정책은 독립한 옛 식민지들에 대한 정치적·문화적·경제적 영향력을 그대로 유지하려는 욕망을 담고 있습니다. 이들의 주요 영어 전파 목적지가 아시아와 아프리카의 옛 식민지들이라는 점이 이를 말해 줍니다. 이러한 나라들이 영국과 미국에 의존적인 관계를 유지할 때, 제국주의 시대는 끝났을지라도 지배–피지배의 관계는 그대로 온존하는 것입니다.

둘째, 영어의 확산은 지역의 언어들과 문화를 희생시킬 수밖에 없기 때문입니다. 제국주의 시절에는 원주민에 대한 대량 학살이 자행되었고, 그렇게 완전히 정복한 땅에 영어라는 새로운 언어가 속속들이 퍼졌습니다. 영어의 확산은 영국과 미국의 문화 확산을 의미했습니다. 그리고 그것들을 섭렵하는 것이 사회적 성공을 보장하는 구조 속에서 식민지의 고유 언어와 문화는 약해질 수밖에 없었습니다. 이것은 지금도 마찬가지입니다. 신자유주의 세계화가 진행되면서 각 지역의 토착 문화는 강력한 자본주의 문화에 무릎을 꿇는 경우가 태반이고, 그래서 실제로 세계의 나라들은 여러 모로 점점 비슷해지고 있습니다. 적어도 대도시의 모습들은 거의 비슷합니다. 이것이 전부 '영어 탓'이라고 할 수는 없겠지요. 하지만 영어는 영미식 자본주의와 생활 방식이 세계로 전달되는 데 있어 문화적 고속도로의 역할을 했습니다. 따라서 영어가 퍼짐에 따라 토착

문화가 사라지고 영미식 자본주의 문화가 그 자리를 장악하는 일은 언제나 함께 진행되었습니다.

유명한 사회언어학자 로버트 필립슨Robert Phillipson은 이를 '언어 제국주의'라고 부릅니다. 필립슨이 말하는 언어 제국주의는 하나의 언어가 다른 언어들을 지배하면서 독점적인 위치를 점하는 상황을 뜻합니다. 필립슨은 1992년에 쓴 『언어 제국주의 Linguistic Imperialism』에서 영어를 중심으로 이 문제를 다루며, 언어에 의해 제국주의가 작동하는 방식을 세밀하게 분석하면서 비판하고 있습니다.

필립슨은 이 책에서 분석의 기본 틀로 사회학자 갈퉁Johan Galtung의 제국주의 모델을 사용합니다. 갈퉁의 제국주의 모델은 '핵심부-주변부' 모델이라고 말할 수 있습니다. 제국주의를 어떤 특정한 시대의 특정한 지배 양식으로 규정하지 않고 일반적 지배 양식의 하나로 볼 때, 제국주의는 언제나 '핵심부-주변부'로 이분화되어 나타납니다. 핵심부는 당연히 힘을 가진 쪽이고, 주변부는 그 핵심부의 영향권 아래에서 주체적인 행동을 하지 못하는 쪽이지요. 이런 틀로 본다면, 제2차 세계대전이 끝나고 식민지들이 제국주의 세력들로부터 정치적 독립을 이뤘다고 할지라도 "제국주의가 끝났다"라고 성급히 말할 수는 없는 셈입니다. 제국의 지배자들은 본국으로 돌아갔지만 대부분의 피지배국은 여전히 정치·경제·사회·문화적으로 이전 지배국과 밀접한 관계를 유지하면서 살아가기 때문입니다. 즉 제국주의 지배가 명목상 끝났다 해도, '핵심부-주변부'라는 제국주의적 관계는 끈질기게 남습니다.

영국과 미국은 자신들의 정치·경제적 목적을 이루기 위한 가장 중요한 수단으로 '영어의 진흥'을 택했고, 그것은 제2차 세계대전 이후의 세계 질서를 영미식으로 재편하는 데 매우 중요한 역할을 했습니다. 하지만 그 '재편'은 자신들의 나라를 핵심부에 놓고 주변부 나라들을 장악하는 제국주의적 세계 질서 재편이었습니다. 그것은 군사를 동원한 강제적 지배가 아니라 (물론 강제력의 동원 역시 끊임없이 있었지만) 영어를 가르치는 '네이티브 스피커'의 부드러운 미소를 통해 이루어졌습니다. 영어와 함께 미국의 대중문화도 들어갔고, 궁극적으로는 자본주의 체제가 들어갔습니다. 세계 경제와 정치의 패권을 미국이 쥐고 있는 상황에서 영어와 영미식 생활 방식, 그리고 자본주의를 받아들이게 되면 그것은 미국식 세계 질서 내에서 살아가게 됨을 의미합니다. 힘이 없는 나라들, 주로 과거 식민지 경험을 가지고 있던 나라들은 영락없이 주변부 국가가 되어 정치·경제·문화 등 여러 측면에서 미국이나 영국 같은 핵심부 국가들과 불균등한 관계를 맺게 되는 것입니다. 또한 주변부 국가 내에서는 영어를 잘하는 소수 엘리트 계층과 영어를 못하는 다수 민중들 사이에 또다시 핵심부-주변부의 제국주의적 의존 관계가 나타납니다. 필립슨은 영어와 제국주의의 관계가 제2차 세계대전 이후 본격적으로 시작되어서 1950대에서 1960년대 사이에 급성장했으며, 1980년대 이후 지금까지 계속되고 있다고 봅니다.

영국과 미국의 세계 질서 재편 전략이 성공했는지 못 했는지, 그리고 거기에 영어가 중요한 역할을 했는지 못 했는지 어떻게 알 수 있느냐고요? 아주 간단한 방법이 있습니다. 영국과 미국이 영어진흥정책을 세우는 과정에서 목표로 삼은 일들, 즉 영미식 자본주의의 전파, 경제적 이익, 문화의 홍보, 영어를 통한 세계인의 넝미인화 등을 오늘날 우리가 쉽게 관

언어 중의 언어, 링구아 프랑카

'링구아 프랑카lingua franca'란 이탈리아어를 기본으로 하여 페르시아어, 프랑스어, 그리스어, 아라비아어 단어들을 대거 차용하여 만들어진 혼합언어를 일컫는 말이었다. 링구아 프랑카의 원래 의미는 '프랑그이'이고, 이것은 아랍에서 모든 유럽어들을 프랑크어로 불렀던 것에서 유래되었다. 링구아 프랑카는 중세와 근대 초기의 중동지역에서 아랍인들과 유럽인들 사이의 외교언어로 사용되었다. 이후 링구아 프랑카는 서로 다른 모어를 쓰는 이들이 의사소통을 위해 공통으로 쓰는 언어를 가리키는 보통 명사가 되었다.

찰할 수 있는 현상과 대차대조해 보면 됩니다. 결과는 놀라울 정도로 일치합니다. 세계무역기구WTO, 국제통화기금IMF과 세계은행World Bank을 앞세운 미국의 신자유주의는 전세계를 미국식 자본주의로 '세계화'했고, 미국은 자신이 가진 헤게모니를 유지하면서 전무후무한 제국으로 자리매김했으며, 어느 나라에 가도 영어를 하면 의사소통을 할 수 있고, 영어권이 아닌 국가라도 그 나라의 엘리트들은 누구나 영어를 할 줄 알며(혹은 영어를 해야 엘리트가 될 수 있으며), 미국식 대중문화와 함께 미국식 사고방식 역시 전세계에 퍼져 있습니다. 만약 이것이 오늘날 세계의 일반적 모습이라면 영국과 미국의 영어를 통한 세계 지배 전략은 성공한 셈이 아닐까요?

세계어로서의 영어는 제국주의 군대와 자본주의 경제, 그리고 문화적 프로파간다가 결합하여 생긴 산물입니다. 영국과 미국은 제국주의 국가로 변모하던 그 시절부터 지금까지 영어를 통해 자신들을 이해하고, 흠모하고, 동경하는 주변부 엘리트들을 만들어 왔고, 이 주변부 엘리트들을 지배함으로써 주변부 국가 전체를 장악해 왔습니다. 물론 독일과 일본, 프랑스와 스페인도 열심히 자신들의 언어를 세계의 언어로 만들어서 강대

시험 여행을 떠나는 한국 학생들

미국의 대학원에 입학하고자 하는 학생을 평가하는 시험인 GRE는 본래 컴퓨터를 이용하여 시험을 치르는 방식이다. 그런데 한국 학생들이 GRE 문제를 자꾸 유출하는 바람에 시험을 주관하는 미국 ETS 본사가 한국에서는 일 년에 두 번 종이 시험만 볼 수 있도록 제한했다. 수험생들 사이에서는 컴퓨터를 이용해서 시험을 치르면 점수가 더 잘 나온다는 말이 있어, 한 달에 한 번 컴퓨터 베이스로 시험을 볼 수 있는 일본이나 미국령인 괌, 필리핀 등에 가서 GRE 시험을 보는 일이 많아졌다.

국의 지위를 차지하거나 유지하기 위해 공을 들였습니다. 하지만 이들 중 어떤 나라도 18세기부터 19세기까지의 대영제국과 20세기 이후의 미국처럼 세계의 헤게모니를 쥐지 못했고, 어떤 나라의 언어도 오늘날의 영어처럼 보편적인 영향력을 가진 링구아 프랑카의 자리에 오르지 못했습니다.

만약 우리가 영어의 확산을 언어 제국주의의 관점에서 다시 보게 된다면 수년 전부터 한국을 뒤흔들고 있는 영어 열풍을 보는 시각이 달라질지도 모르겠습니다. 대통령부터 나서서 영어를 해야 한다고 소리치고, 곳곳에 영어마을이 만들어지고, 영어를 공용어로 써야 한다고 '진지하게' 주장하는 사람까지 있으며, 초등학생마저 영어를 배우기 위해 영어권 국가로 떠나고, 토익·토플·GRE를 보기 위해 스터디를 하고, 일본이나 괌에 기꺼이 가는 한국은 전국민이 주변부 엘리트가 되기 위해 경쟁을 하는 나라처럼 보입니다. '경제를 살리는 일'이 모든 것의 우선이라고 믿는 사람들이 대다수인 나라가 신자유주의 경제의 원조국인 미국에 매달리고, 미국의 언어인 영어에 목숨을 거는 일은 논리적으로도 딱 맞아떨어지지요. 하지만 그것이 과연 제대로 된 현상인지에 대해서는 쉽게 동의를 할 수가 없습니다. 이제 다음 장에서 이 문제에 대해 고민해 보도록 하지요.

간디,
파농,
응구기

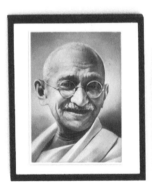

좌로부터 간디, 파농, 응구기

인도가 영국의 식민지였던 20세기 초, 간디^{Gandhi}는 '비폭력 저항'을 통해 영국의 식민통치에 대항하는 위대한 운동을 이끌었다.

하지만 흔히 간과되는 사실이 있다. 그가 영어에 의해 인도인들이 소외되고, 국가 의식을 잃고, 결국 영어의 물질적·정신적 노예가 되는 현실에 대해 강하게 비판했다는 점이다. 간디는 인도 학생들이 영어를 배우기 위해 들이는 시간 때문에 다른 과목들을 제대로 따라가지 못한다는 점을 지적하면서, 영어가 인도의 교육을 왜곡하고 있다고 주장하기도 했다. 간디의 이런 주장들은 중·고등학교와 대학교에서 영어 강의를 늘리는 것이 마치 '글로벌' 교육인 것처럼 선전되고 있는 오늘날의 한국 사회에 경종을 울린다.

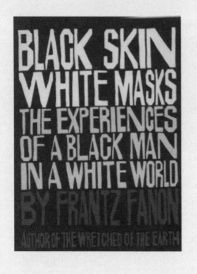

식민주의의 정신적 폐해를 분석함으로써 식민주의와 제국주의 비판의 초석을 놓은 프란츠 파농Frantz Fanon은 카리브 해에 있는 프랑스령 마르티니크에서 태어났다.

정신과 의사이기도 했던 파농은 검은 피부를 가진 자신의 동족들이 백인이 되려는 욕망과 흑인이라는 사실에 대한 열등감 속에서 정신적인 분열을 겪고 있음을 분석했다. 1952년에 발간된 『검은 피부, 흰 가면Black Skin, White Masks』이라는 책의 맨 첫 장에서 파농은 언어의 문제를 제기한다. 그에 따르면 "어떤 언어를 쓰는 사람은 그 언어에 의해 표상되고 의미화되는 세계를 가질 수밖에 없다"(Fanon, 1967). 마르티니크의 흑인들은 자신들의 언어 대신 오랜 세월 프랑스어를 쓰는 과정에서 오직 프랑스어가 나타내는 세상만을 볼 수 있었고, 결국 그들의 정신은 프랑스적인 것이 되어 버렸다. 식민지인들은 지배자들이 전달해 준 언어를 통해 지배자들의 가치관을 자신의 것으로 내면화하고, 이러한 내면화는 궁극적으로 지배를 영원히 유지시키는 장치가 된다는 것이다.

간디와 파농의 주장이 식민지 상태에서 나온 것인데 반해, 케냐의 소설가 응구기 와 시옹오 Ngũgĩ Thiong'o는 영국의 지배가 끝난 후에도 여전히 케냐인들을 지배하는 영어에 대해 문제 제기를 했다.

19세기 말부터 영국의 식민지가 된 케냐는 1963년이 되어서야 독립을 쟁취했다. 그러나 독립 후에도 케냐에서는 영어가 주요 언어로 여전히 사용되었다. 영어로 쓴 소설로 이미 유명 인사였던 응구기는 자신의 모어인 기쿠유어를 통해서만 작품 활동을 하기로 결심했고, 여러 책들을 통해 영국의 지배가 끝난 지금도 영어가 케냐인들의 정신을 새롭게 식민화하고 있다고 비판했다. 그에 따르면 "총알은 물질적 정복의 수단이었지만 언어는 정신적 정복의 수단이었다." 그는 어차피 쓰고 있는 영어를 통해 아프리카의 문화를 만들어 가는 게 낫다고 주장하는 나이지리아 소설가 치누아 아체베Chinua Achebe 등과의 논쟁에서 "아프리카는 제국주의 없이 살 수 없다고 말하는 정치가와 아프리카는 유럽의 언어 없이 살 수 없다고 말하는 작가 사이에 무슨 차이가 있는가?"라고 물으며 제국주의와 언어 사이의 밀접한 관련성을 날카롭게 지적했다 (Ngũgĩ, 1986).

3

영어에 열광하는 한국, 그 빛과 그림자

이 책을 읽는 독자 여러분들은 대부분 영어 단어를 외우느라 종이를 빽빽하게 채우던 기억이 있을 겁니다. 중·고등학교 시절부터 영어는 중요 과목인 소위 '국영수' 중 하나였으니까요. 대학에 합격하면 영어에서 놓여날 줄 알았는데, 나중에 취직을 준비하면서 토익TOEIC이나 텝스TEPS 점수를 높이기 위해 어학연수를 가야 했던 분들도 많을 것 같습니다. 직장에 들어간다고 해도 사정이 별로 나아지지는 않습니다. 영어 능력이 높을수록 승진이나 보직에서 가산점을 받게 되는 경우가 많으니까요. 그러다 결혼을 해서 자녀를 낳았더니, 이제는 그 아이들이 유치원 때부터 영어회화를 배우고, 초등학교에서는 정규과목으로 영어를 배우는 상황이 되었습니다. 게다가 10여 년 전부터 영어를 공용어로 지정하자는 영어공용론이 제기되어 왔고, 전국 곳곳에 영어마을이 생겼으며, 다른 과목까지 영어로 가르치는 영어몰입교육의 목소리가 커지는 등, 바야흐로 '영어의 시대'입니다.

그런데 영어를 배우고 쓰는 일이 너무나 당연하게 여겨지는 이런 분위기는 왜 생겨났을까요? 답은 독자 여러분 모두가 이미 잘 알고 계실 겁니다. 영어를 잘하면 성공하는 데 큰 도움이 된다고 생각하기 때문입니다. 소위 일류대나 미국의 대학에 들어가기 위해, 직장에서 승진하기 위해서는 영어 실력이 필요합니다. 심지어 정치인들이 영어를 잘한다는 것은 '국제 감각'을 가지고 있음을 보여 주는 중요한 지표가 되죠. 국가 차원에서도 세계화 시대에 한국의 경쟁력을 높이는 가장 핵심적인 요소로 영어를 꼽습니다. 요컨대 영어를 잘하면 개인이든 국가든 경쟁에서 살아남는 데 매우 유리하다는 것입니다.

영어가 개인과 국가의 능력을 가늠하는 가장 중요한 지표가 된 것은 성공이 가장 중요한 가치가 된 현상과 무관하지 않지요. 철학자라면 '도대체 성공이 무엇인가?'에 대한 근본적 질문을 던질 것입니다. 히지만 이제는 그조차 쉽지 않을 것입니다. 수년 전부터 철학과 같이 돈이나 성공, 출세에 도움이 안 되는 학과들이 한국의 대학에서 없어지고 있기 때문입니다.

우리는 이 장에서 '도대체 성공이 무엇인가?'라는 문제를 논하기보다는 영어가 개인과 국가의 성공과 밀접히 닿게 된 현상의 뿌리를 살펴볼 것입니다. 영어가 과연 성공의 지름길인가? 이런 현상은 언제부터 생긴 것일까? 영어 열풍 현상의 이면에는 어떤 것들이 있는가? 영어공용론은 올바른 주장인가? 우리는 이런 질문들을 던짐으로써 '영어의 시대'를 다시 한 번 성찰해 볼 수 있을 것입니다.

영어 열풍에서 거리 두기

한국에서 현재 '영어 열풍'이라 불릴 만한 일들이 일어나고 있다는 것은 모두가 다 아는 사실입니다. 영어는 '외국어'를 뜻하는 보통 명사가 되었습니다. 우리가 흔히 말하는 '외국어 학원'은 '영어 학원'을 의미하는 경우가 대부분이고, 수능시험의 '외국어 영역'은 독일어도 프랑스어도 아닌 '영어'를 일컫습니다. 영어는 초등학교 때부터 의무적으로 배워야 하는 언어가 되었고, 초등학생 아이들을 부인과 함께 외국(압도적으로 미국, 캐나다, 필리핀 등 영어권 국가)에 보내고 한국에서 외롭게 홀로 사는 '기러기 아빠'라는 말이 등장했습니다. 최근에는 영어 외의 과목까지도 영어로 수업하는 '영어몰입교육'을 내건 국제중학교 설립 계획이 발표되어 실행단계에 있지요. 그러자 국제중 대비 학원과 과외 등 사교육 시장이 호황을 맞고 있으며, 때맞춰 몇몇 언론사에서는 비판적 관점 없이 영어몰입교육이 영어 실력 향상에 도움이 된다는 기사들을 내보내기도 했습니다. 대학에서는 또 어떤가요. 1~2년 정도의 '어학연수'는 대학생들에게 필수적인 코스가 된 지 오래입니다. 게다가 공인영어시험인 토익TOEIC이나 텝스TEPS 등의 성적 없이는 졸업이나 취직을 꿈꿀 수 없게 되었습니다. 대학에서는 영문학이나 영어 교육 전공이 아닌 교수들도 영어로 강의하도록 하고, 강의계획서까지 한국어와 영어로 작성하도록 강제하기도 합니다. 한국사나 한국철학을 한국인 교수가 한국인 대학생들에게 가르치는 데 영어를 쓰는 우스꽝스러운 일이 벌어질 수 있는 것이지요. 학교를 졸업하고 나서도 많은 직장인들은 출근 전이나 퇴근 후에 회사에서 끊어 준 영어 학원에 가서 회화 수업을 받습니다.

영어 열풍 현상의 압권은 영어를 아예 한국의 공용어로 만들자는 '영어 공용론'을 몇몇 지식인들이 주장했던 일, 그리고 일부 부모들이 아이들의 영어 발음을 개선시키기 위해 아이들의 혀 수술을 한다는 보도가 나왔던 일입니다. 최근에는 영어를 배우기 위해 브로커를 통해 외국인을 만나는, 소위 '외친(외국인 친구) 만들기'가 유행이라고도 합니다. 이 정도면 한국에서의 영어 배우기는 '열풍熱風'을 넘어 거의 '광풍狂風'이라고 해도 틀린 말이 아닐 것입니다.

유치원생과 초등학생부터 시작해 대통령까지 영어에 '올인'하는 이 분위기를 어떻게 봐야 할까요? 어떤 방법을 써서라도 영어를 배우고 익히고 잘해야 한다고 주장하는 사람들은 영어가 이미 세계어이고, 영어를 하지 않고서는 국제 사회에서 경쟁할 수 없으며, 대부분의 정보가 영어로 되어 있는 만큼 영어를 해야 정보 획득에서도 뒤처지지 않는다는 이유를 내세웁니다. 언뜻 보면 다 맞는 말처럼 보입니다. 하지만 조금만 깊이 그 주장들을 들여다보면 빈틈을 발견하기 어렵지 않습니다.

영어가 이미 세계어의 위치에 올랐다는 말은 틀림없는 듯 보이지만, 실제로 사용자 수에 있어서 독보적인 존재는 아닙니다. 세계에서 가장 많은 인구가 사용하는 언어는 중국어이고 그 뒤를 스페인어가 따르고 있습니다. 여러 국제기구들은 영어뿐 아니라 스페인어, 프랑스어, 독일어, 중국어, 러시아어 등을 함께 씁니다. 유엔의 공용어는 아랍어, 중국어, 영어, 프랑스어, 러시아어, 스페인어이고, 유럽연합 EU의 공용어는 무려 23개나 됩니다.

영어와 국제 경쟁력과의 관계도 다시 생각해 보아야 할 문제입니다. 영어를 잘해야 국제 사회에서 경쟁력이 생긴다는 말에는 설득력이 없습니다. 한국만큼이나 영어를 못하는 일본은 여전히 세계 2위의 경제 대국이며, 비영어권 국가인 중국이 미국을 머지않아 따라잡을 것으로 예측하고 있는 전문가들은 점점 늘어가는 중입니다. 최근 미국 중·고등학교에서는 '중국어 배우기 열풍'이 몰아치고 있기도 합니다. 프랑스인들은 자국어에 대한 높은 자긍심으로 인해 영어 사용을 장려하지 않지만 여전히 선진국의 위치에 있습니다. 반면에 영어를 공용어의 하나로 쓰는 인도나 필리핀은 한국보다 경제력에서 많이 뒤처져 있습니다. 그나마 인도에서 영어를 자유자재로 구사하는 인구는 전체의 2퍼센트를 넘지 않습니다. 힌두어나 벵갈어를 쓰는 사람들이 훨씬 많지요. 아프리카에 있는 수많은 영어 사용국들은 어떻습니까? 그 나라들은 영어를 공용어로 쓰는데 왜 국제 사회에서 경쟁력이 없는 걸까요?

그나마 영어가 정보 획득에 도움이 된다는 것은 자명한 사실인 듯 보입니다. 하지만 보다 정확히 말하면, 영어로 기술되어 있는 정보를 획득하는 데 도움이 된다고 하는 편이 옳을 것입니다. 영어를 한다고 해서 중국어, 스페인어, 일본어, 독일어 등으로 된 정보들까지 얻을 수는 없는 일이니까요. 다시 말해 영어를 하면 영어로 된 정보들은 찾아낼 수 있어도 그 외의 언어로 된 정보는 얻을 수가 없습니다. 당연한 말이지만 영어뿐 아니라 다른 언어들을 함께 알고 있을 때 획득할 수 있는 정보는 더 풍성해집니다.

그런데 우리 국민들 중 얼마나 많은 사람들이 영어를 통해 '정보'를 획득할까요? 영어를 못해서 놓치는 정보들은 얼마나 될까요? 이 글을 읽는 독자 여러분들은 영어를 잘 못한다는 이유로 도대체 어떤 정보를 얻지 못하셨나요? 부족하기는 해도 한국은 외국 정보들을 한국어로 번역하여 소화하는 일들을 그런대로 잘 해오고 있습니다. 그렇다면 (영어뿐 아니라) 외국어 전문가들을 잘 길러 내서 그들이 정보를 신속하게 우리말로 번역하도록 하는 편이 효율적이지 않을까요? 그러면 사람들은 영어로 된 정보뿐 아니라 다른 외국어로 된 정보도 많이 이용하게 되지 않을까요? 한국어로 완전한 의사소통이 가능한 국민들에게 영어로 된 정보를 한국어로 번역해 주는 대신, 모든 국민이 영어를 배우도록 하는 것은 시간과 돈 낭비가 아닐까요? 이웃나라 일본은 한국과 마찬가지로 영어를 못하기로 유명하지만 번역의 속도와 범위는 세계 최고입니다. 영어 혹은 기타 외국어로 된 책들이 가장 신속히 자국어로 번역되는 나라가 일본이라고 합니다. 근대화 과정을 거치며 번역을 지식 수용과 유통의 중요한 수단으로 이용했던 것입니다. 일본이 번역 활성화로 얻게 된 풍성한 정보는 지금의 경제 성장 및 문화적 수준과 분명한 연관을 가지고 있습니다.

한국은 단일한 언어로 완벽한 의사소통 체계를 이룬 지구상 몇 안 되는 나라입니다. 많은 나라들이 여러 민족으로 이루어져 있고, 언어가 다르며, 그로 인해 한 나라 안에서도 의사소통에 차질을 빚곤 합니다. 나이지리아, 인도네시아, 인도, 필리핀, 오스트레일리아와 같은 나라들은 한 나라에서 100개가 넘는 언어를 쓰고 있습니다. 미국은 어떨까요? 사람들은 흔히 미국인들이 영어만 쓴다고 생각하지만, 그렇지 않습니다. 미국 시민들 중에도 영어를 못하는 사람이 많고, 그 때문에 여러 주州에서 인구 비율에 따라 영어 외의 언어들을 중요 문서에 병기하고 있습니다. 뉴욕에서는 선거철이 되면 영어, 중국어, 스페인어 등으로 된 후보자 약력을 받는다고 합니다. 또 텍사스나 캘리포니아처럼 스페인어 사용자가 많은 주에서 영어만을 써야 한다고 주장하는 주지사는 절대로 당선될 수가 없다고도 합니다. 백인 인구가 대다수인 중서부 도시들에서도 사정은 비슷합니다. 대다수의 상품 사용설명서에 영어와 함께 스페인어가 병기되어 있고, 공공기관의 안내 문구도 마찬가지입니다. 최근에 제가 신청한 AT&T 인터넷 서비스의 계약서 역시 영어와 스페인어를 함께 썼더군요. 미국에서 영어를 유일한 공용어로 지정한 주는 51개 주 중 23개 주에 지나지 않습니다. 그마저도 찬반으로 갈려서 논쟁이 진행되고 있는 중입니다. 다시 말하면 미국 내에서도 영어를 지키고자 하는 노력이 있듯이 스페인어나 원주민 언어들을 지키고자 하는 노력도 분명히 있다는 것입니다. 영국의 웨일스나 스코틀랜드에도 여전히 웨일스어와 스코틀랜드 게일어를 공동체 단위에서 지키는 사람들이 많이 있습니다. 즉 우리가 '영어 국가'라고 생각하는 나라에도 영어 외에 다른 언어들을 쓰는 사람이 많고, 그 언어들을 지키려는 사람들 역시 많습니다. 하지만 한국은 이런 나라들과 달리 공통의 음성 체계와 문자 체계를 갖고 있어서 거의 모든 국민이 완벽하게 의사소통할 수 있습니다. 어떻게 보면 이만한 언어 효율성을 가진 나라도 없지요. 그렇다면 단일한 언어를 사용함으로써 효율성을 살려 나가고 거기에 다양성을 더해 가는 쪽으로 생각이 전환되어야 하지 않을까요?

영어에 대한 지나친 강조는 일반적으로 생각하는 것과는 달리 '비효율적'이라는 데 문제가 있습니다. 첫째, 한국인들은 한국어로 완벽한 의사소통이 가능하고, 이를 기반으로 한 정보의 생산과 유통 체계가 잘 갖춰져 있습니다. 그런데도 영어를 그 위에 덧씌우는 일은 효율성이 떨어집니다. 둘째, 영어가 현재 '세계어'의 지위에 올랐다고는 하나 여전히 한계는 있고, 그 지위가 언제까지 갈지는 아무도 모른다는 점도 알아야 합니다. 일제 시대 말기에 친일로 전향한 지식인들이 일본의 지배가 영원할 거라고 믿었지만 결국 일본이 패망한 것처럼 말입니다. 셋째, 영어가 중요하다는 것은 누구도 부정할 수 없는 사실이지만, 정부 차원의 영어 강조 정책들을 들여다보고 있노라면 마치 전국민을 '네이티브 스피커 native speaker'로 만들려는 것처럼 보입니다. 공교육의 내실을 통해 모든 학생들이 영어의 기본을 충실히 닦게 하고, 그중 영어에 뛰어난 재능을 가진 이들을 잘 길러서 전문 인력으로 키워 내는 것이 훨씬 효율적일 뿐 아니라 실현 가능한 일입니다. 가능하지 않은 일에 엄청난 시간을 들이는 일이야말로 비효율적이지요.

물론 영어몰입교육 같은 정책을 주장하는 사람들의 말처럼 아이들에게 어려서부터 영어를 쓰는 환경을 마련해 주고, 모든 과목을 영어로 가르친다면 영어 실력은 월등히 나아질 것입니다. 전국 곳곳에서 설립되고 있는 영어마을이나 제주도의 영어공용어화 계획, 서울시의 국제중 계획이 그 예입니다. 하지만 아무리 한국에 좋은 영어 환경을 만든다고 해도 그것은 미국에 조기유학을 가는 것보다는 못할 겁니다. 중학생에서 초등학생, 유치원까지 망라한 조기유학 열풍이 바로 그 예입니다. 하지만 아무리 조기유학을 간다고 해도 아예 미국에서 태어나 미국 국적을 취득하는 것보다는 못할 겁니다. 상류층에서 일어나는 '미국 원정출산'이 바로 그 예입니다. 이런 식으로 영어를 잘해야 한다는 주장에 한번 빠져들면 '영어몰입교육을 하자'에서 시작해 '아예 내 아이에게 미국 시민권을 주자'로 가게 될 수밖에 없습니다. 영어를 잘하기 위해서는 수단과 방법을 가리지 않게 될 테니까요. 영어를 '완전정복'하려고 노력하면 할수록 영어가 우리를 정복하게 만드는 현상이 일어나는 것입니다. 이것이 바로 언어가 가진 마력입니다. 언어는 기본적으로 의사소통의 도구이지만, 우리의 의식과 정신, 세계를 보는 시각을 형성하는 힘도 역시 가지고 있기 때문입니다. 이런 이유로 인간 역사를 통틀어 권력자들은 언제나 언어를 통제하려고 했던 것이죠. 언어의 이러한 이중성을 비판적으로 보지 못하고 '실용'의 관점에서만 접근할 때, 우리는 알지 못하는 사이에 언어의 지배를 받게 됩니다. 따라서 영어에 대한 강조가 심해지고 영어 배우기가 '외국어 습득'의 단계를 넘어 생존의 도구에 가깝게 변하는 오늘의 상황에 반드시 '왜?'라는 질문을 던져야 합니다. '영어를 잘하려면 이렇게 하라'라는 말에 무조건 따를 것이 아니라 '그런데 왜 우리가 영어를 잘해야 하지?'라고 물어야 하는 것이죠. 이런 거리 두기가 없으면 우리는 결국 영어라는 파도에 휩쓸릴 수밖에 없습니다. 수영도 잘 못하는 사람이 파도에 휩쓸리면 익사하기 십상이지요.

영어에 관해 제가 겪은 일을 소개하는 게 도움이 될지 모르겠습니다. 두 가지인데요, 하나는 한국에서 겪었던 일이고 다른 하나는 미국에서 겪은 일입니다. 제가 대학원 석사과정에 다니던 2003년, 여름방학을 앞두고 제안이 하나 들어왔습니다. 제주도에서 영어캠프를 하는데 거기서 2주일 간 조교를 해볼 생각이 없느냐는 것이었죠. 제가 다니던 학교 학생들과 제주대학교의 학생들이 제주도에서 2주간 영어만 쓰는 '영어몰입교육' 에 참가해 영어 실력을 키우는 것이 바로 영어캠프의 목적이었습니다. 방학 때 일이 없었던 저는 얼른 승낙했습니다. 공짜로 비행기 타고 제주 도도 가고, 그곳에서 학생들과 함께 영어를 쓰고 돈도 벌 수 있다면 1석 3조가 아니겠습니까. 영어캠프는 재미있었습니다. 프로그램은 다채로웠 고, 학생들도 처음에는 어색해하다가 2~3일 정도 지나니 영어에 익숙해 졌지요. 깜짝 놀라면 '아!'가 아니라 '웁스!'가 바로 튀어나올 정도였으니 까요. 그런데 얼마 후 제가 발견한 한 가지는, 학생들이 영어에 익숙해질 수록 어린아이처럼 변해 간다는 점이었습니다. 그 학생들은 영어를 아주 잘하는 편이 아니었기 때문에 쓸 수 있는 영어 표현에 한계가 있었습니 다. 바로 이 한계가 이들을 어린아이로 만든 것입니다. 한국말을 쓸 때는 복잡하고 세밀한 감정을 제대로 표현할 수 있었던 대학생들이 영어캠프 에 들어가는 순간 아주 단순하고 쉬운 표현들만 쓰게 되고, 그럼으로써 이들의 행동 역시 단순한 아이들처럼 변해 갔던 겁니다. 2주가 지나 서 울에서 이 학생들과 뒷풀이를 할 때 갑자기 낯선 사람을 만난 것 같은 느 낌이 들었던 것은 그 때문이었습니다.

또 하나는 제가 지금 공부하고 있는 미국의 대학에서 본 일입니다. 어느 날 학교의 학생회관에 앉아 음료수를 마시고 있을 때였습니다. 근처에서 들리는 두 사람의 어색한 대화에 고개를 돌려 보니, 한 미국인 학생과 어 학 연수생처럼 보이는 한국인 학생이 앉아서 이야기를 나누고 있었습니다. 처음에는 친구인가 보다 했지만 가만히 대화를 들어 보니 미국인 학생이 한국인 학생에게 영어를 가르쳐 주는 중이었습니다. 미국인 학생은 아르바이트 삼아 영어를 잘 못하는 외국인 학생에게 일대일로 영어회화를 가르치는 것이었죠. 미국인 학생의 얼굴에는 짜증까지는 아니지만 잘 알아듣지도, 말하지도 못하는 학생과 시간을 보내는 것이 적잖이 지루하다는 표정이 보였고, 한국인 학생은 그런 미국인 학생에게 "미안하다"라고 몇 번씩 말하며 머리를 긁적였습니다. 이 둘은 같은 학생 신분이었지만, 영어를 잘하는 쪽과 못하는 쪽으로 갈리는 순간 상하관계가 생기고, 못하는 쪽은 상대방의 시간을 빼앗은 것만 같아 연신 미안해하는 것이지요.

이 두 일화는 어쩌면 영어를 배울 때 생기는 '흥미로운' 에피소드에 지나지 않을지도 모릅니다. '누구나 그런 거지 뭐. 영어를 배울 때는 다 그런 과정을 겪는 거야.' 물론 그 말도 맞습니다. 하지만 대학생이 어린아이처럼 굴고 미국인 학생 앞에서 영어를 못한다는 이유로 미안해하는 것은, 영어가 개입되는 순간 사람들 사이에 보이지 않는 어떤 '관계'가 형성된다는 점을 분명히 말해 줍니다. 그게 아니라면 왜 똑똑한 학생들이 아무렇지 않게 어린아이처럼 행동하고, 왜 회화 연습을 위해 정당한 보수를 지급한 한국 학생이 오히려 미국 학생에게 미안해하는 걸까요? 영어가 이미 '세계어'가 되었다는 인식이 퍼짐에 따라서 영미권 국가에 나가 영어를 하지 못하면 "저는 영어를 잘 못해요. 죄송해요"라고 아주 자연스럽게 말하게 됩니다. 그러면서 못하는 영어로 말을 하다 보니 미안하고, 또 상대방이 잘 받아 주면 아이처럼 좋아하게 되는 것이지요.

재밌는 현상은 그 반대의 경우를 보기란 좀처럼 힘들다는 겁니다. 영어를 쓰는 외국인이 한국에 와서 자신이 한국어를 못한다는 것에 대해 미안해하거나 아이처럼 구는 일은 드뭅니다. 영화 〈영어 완전 정복2003〉에는 이런 장면이 나옵니다. 한가한 동사무소에 어느 날 외국인 남자가 찾아옵니다. 동사무소 직원들은 외국인을 보자마자 하나 둘씩 고개를 피하거나 책상 밑으로 숨지요. 그러다가 말단 직원 나영주(이나영)가 외국인 남자를 상대하게 됩니다. 외국인은 전기요금 통지서를 영주의 얼굴에 흔들면서 "왜 이리 전기요금이 많이 나왔느냐!"라며 소리를 지릅니다. 한국어로? 영어로! 영주는 그 말을 알아듣지 못해 당황하고 미안해합니다. 결국 동사무소에서는 나랏돈을 들여 대표로 영주를 영어 학원에 보냅니다. 물론 이 상황은 재미를 위한 극적 설정이기는 하지만 현실과 완전히 동떨어져 있지도 않습니다. 영미권 외국인들이 한국에 오면 한국어를 열심히 배워서 쓰기보다는 영어로 말하기 일쑤입니다. 영어를 못하는 한국인들은 당황해하거나 미안해하고 영어를 잘하는 이들은 이 상황을 기다렸다는 듯 자랑스럽게 영어를 쓰고는 하지요.

세계적으로 미국인들은 영어 외의 외국어를 못하기로 유명합니다. 이런 농담이 있을 정도입니다. "두 가지 언어를 쓸 수 있는 사람을 뭐라고 하지?" "바이링구얼 bilingual" "여러 가지 언어를 쓸 수 있는 사람을 뭐라고 하지?" "멀티링구얼 multilingual" "그러면 한 가지 언어밖에 못 쓰는 사람은 뭐라고 하지?" 답은 "아메리칸 American"입니다. 왜냐고요? 쓸 일이 없기 때문입니다. 어딜 가나 영어면 통하니까요. 게다가 한국의 관료들은 한국인들에게 영어를 가르쳐서 이 영미권 외국인들이 자연스럽게 영어를 쓰게 하자고 말합니다. 그래야 한국이 국제 사회에서 경쟁할 수 있다면서요. 이 두 상황은 모두 우스꽝스럽습니다. 영어만 쓰는 미국인들은 영어에만 갇혀서 외국어나 외국 문화를 경시할 것이고, 영어를 배우려 하는 한국인들은 '네이티브 스피커'가 되지 못한다는 열등감을 간직한 채 살게 될 테니까요.

영어가 한국 사회에서 가지고 있는 이 엄청난 지위, 그리고 영어를 배우기 위한 이 뜨거운 열기에서 거리를 두는 자세가 필요합니다. 영어는 무조건 배우지 말자거나 한글은 세계 최고의 과학적 글자라는 식의 배타적이고 국수주의적인 자세가 아닌, 전국민이 영어를 배우자거나 영어를 한국의 공용어로 지정하자는 극단적인 영어 추종 자세도 아닌, 좀 더 합리적이면서 비판적인 자세 말입니다. 그러기 위해서 취해야 할 가장 중요한 태도는 영어에 관한 정책을 입안하는 사람들의 주장을 그대로 받아들이지 않고 의심하는 태도입니다. 게임의 법칙을 결정하는 사람의 말을 받아들이기 전에 그 게임이 과연 공정한지, 그 게임으로 이익을 얻는 사람들은 누구인지, 그 게임은 과연 의미가 있는 것인지에 대해 스스로 되묻는 태도이겠지요. 그래야 비로소 우리는 게임에 무조건 휩쓸리는 게 아니라 게임의 의미를 다각적으로 보고, 나아가 게임의 취소를 요구하는 행동으로까지 발전할 수 있을 겁니다. 그러자면 한국 사회와 영어의 관계를 좀 더 명확히 해야 할 텐데, 이때 필수적이라고 생각되는 것이 바로 한국에 영어가 수용된 역사를 아는 일입니다. 우리나라에 영어가 언제부터 교육되기 시작했는지, 영어가 중요하다는 인식이 언제부터 생겼는지를 알아보는 일, 그리고 그 역사적 맥락에 대해서 살펴보는 일은 오늘날의 영어 열풍을 이해하는 데 도움이 될 것입니다.

조선에 영어가 들어오다: 구한말에서 1980년대까지

대체로 학자들은 한국에서 처음으로 영어 교육이 시작된 때를 1883년으로 보고 있습니다. 구한말 고종황제의 외교 고문이었던 독일인 묄렌도르프Paul George von Möllendorff가 건의하여 설립한 동문학同文學이라는 기관이 있었습니다. 동문학은 우리나라 최초의 근대식 외국어 교육 기관으로, 통역관·외교관·사무관 같이 외국어를 쓰는 관료를 양성하는 것이 그 목표였습니다. 동문학에서는 영어를 비롯해 프랑스어, 독일어 등 서양 언어를 교육했지만, 그중에서도 가장 중요하게 여겨진 언어는 영어였습니다. 1886년에는 관립 영어 교육 기관인 육영공원育英公院이 설립되었습니다. 육영공원에서는 영국인 교사들이 주축이 되어 한국어가 아니라 영어로만 영국식 영어를 가르쳤습니다. 이 무렵에는 한국 최초의 근대식 교육 기관들이 세워지기 시작하는데요, 1886년에 설립된 배재학당과 이화학당, 경신학교 등이 그것입니다. 이 학교들은 모두 외국인 선교사들이 중심이 되어 기독교 이념을 중심으로 교육을 한 학교들이고, 그 때문에 영어 성경 읽기 등 영어 교육이 매우 중시되었습니다. 1895년에 설립된 관립 외국어 학교에서는 영어, 일본어, 독어, 불어, 러시아어 등을 가르쳤으나 영어 전공 등록 학생이 가장 많았다고 합니다(박종성, 2002; 강내희, 2005).

19세기 말 조선에 영어 교육의 씨앗이 뿌려짐과 동시에 많은 젊은이들이 영어 공부에 열성을 쏟았습니다. 이렇게 영어 교육이 중요하다는 인식이 국가 차원에서 받아들여지기 시작한 이유는 당시의 국제 정세와 떼어 놓고 생각할 수 없겠지요. 중국만을 세계의 중심으로 알고 받들어 온 조선에 19세기 말부터 외국 열강들의 '구애'가 시작되었습니다. 미국은 1871년 군함을 몰고 와서 강제로 통상조약을 맺으려고 했고(신미양요), 1875년에는 일본 군함이 몰려와 조선의 영토에 대한 도발을 감행했지요. 이를 '함포외교'라고 하는데, 무력을 앞세워 시위를 하다가 분쟁으로 연결시킨 후 결국 강제로 조약을 맺고 통상을 실시하는, 전형적인 제국주의 국가들의 수법이었습니다. 이로 인해 조선은 1876년 인천항, 부산항, 원산항 등 세 개 항구를 열면서 일본과 조일수호조규(일명 '강화도 조약')를 맺고, 이후 1882년에는 미국과 조미수호통상조약을 체결하게 됩니다. 그 뒤에도 영국, 중국, 독일, 이탈리아, 프랑스, 러시아 등 세계의 열강들과 줄줄이 수호통상조약을 체결하지요. 조선은 더 이상 '조용한 아침의 나라'로 살지 못하고, 제국주의 국가들의 압력에 밀려 외국과 무역·정치·문화 교류를 실시함으로써 세계 질서 속으로 들어가게 되었습니다. 세계 열강들과 조약을 맺으면서 조선은 '근대화' 정책을 실시하고, 그로 인해 근대적 기관들이 설립되기 시작했습니다. 이렇게 외국 열강들과 교류를 시작하였으니 당연히 외국어 교육이 필요해졌지요. 당시 영국은 가장 강대한 제국이었고, 미국은 제국주의 경쟁에 새로 가담하여 침략을 시작하고 있었습니다. 영어 교육이 중요성을 갖게 된 것은 이런 국제 정세 때문이었습니다.

우리가 모두 알다시피 당시 조선에서는 외국에 문을 여느냐 마느냐를 두고 찬반 논란이 아주 심했지요. 일부는 문을 걸어 잠그고 중국과의 유대를 돈독히 해서 서양의 사악한 문물이 조선에 들어오지 못하게 해야 된다는 입장이었고, 일부는 신속히 눈을 밖으로 돌려서 서양의 발전된 문명을 받아들여 힘을 길러야 한다는 주장을 했지요. 영어에 관심을 둔 사람들은 이 둘 중 어떤 입장이었을까요? 당연히 서양문물을 받아들여야 한다는 입장이었겠지요. 이들을 흔히 '근대화론자'라고 합니다. 이 근대화론자들이 때로 목숨을 걸면서까지 열렬히 서양문물을 받아들인 직접적인 이유 중 하나는 바로 이웃나라 일본의 엄청난 성장이었습니다.

일본은 1868년 미국에 의해 반강제로 개항했습니다. 이를 '메이지 유신明治維新'이라고 합니다. 일본은 이미 그 전부터 서양의 발전된 문물에 충격을 받고 열심히 서양 학문을 수입하고 번역하고 있었습니다. 메이지 유신 전까지만 해도 일본은 네덜란드 학자들을 통해 서양문물을 전수받고 서양 여러 나라에 유학생을 보냈습니다. 이렇게 정립된 학문 영역을 네덜란드의 한자식 이름인 '화란'을 따서 '난학蘭學'이라고 합니다. 하지만 미국에 의한 개항 뒤에는 영어권 국가의 학문을 받아들이는 '영학英學'으로 방향을 전환하게 됩니다. 이렇게 일본은 동양권에서는 최초로, 또한 가장 적극적으로 서양문물을 수용함으로써 근대화를 이룩했고, 그 힘을 바탕으로 제국주의 국가가 되어 약소국 쟁탈전에 참여하게 되지요. 2004년에 한국에서 개봉한 에드워드 즈윅 감독의 〈라스트 사무라이The Last Samurai, 2003〉를 기억하십니까? 이 영화에서 남북전쟁 이후 허무주의에 빠진 미국의 장교 알그렌(톰 크루즈)은 일본군의 근대화 프로젝트에 참여하기 위해 일본에 가게 됩니다. 이때가 바로 메이지 유신 직후지요. 알그렌과 근대 일본군은 근대화에 저항하는 전통 사무라이들의 습격을 받아서 사무라이의 대표격인 전통무사 가츠모토(와타나베 켄)에 이해 생포됩니다. 그런데 가츠모토가 알그렌을 죽이지 않고 생포하여 같이 살기로 한 이유가 뭐였습니까? 바로 '영어를 배우기 위해서'였습니다! 사무라이마저도 영어를 배우려 하는 이 상황이야말로 당시 일본의 모습을 여실히 전해 주는 것이 아닐까 싶습니다. 이렇게 일본은 서양문물의 수용에 적극적이었습니다.

1873년에는 후에 일본 메이지 정부의 초대 문부대신이 된 모리 아리노리가 영어를 일본의 국어로 채택해야 한다고 주장하기에 이릅니다. 이유는 두 가지였습니다. 첫째는 일본이 서양문명을 섭취하여 열강에 정복되지 않고 독립을 이루는 데 영어가 필수적이라는 것이고, 둘째는 섬나라인 일본은 상업국가로 발전할 수밖에 없는데 그러기 위해서는 '상업의 언어'인 영어를 배워야 한다는 것이었습니다(이연숙, 2001). 당시에는 프랑스어를 일본의 국어로 채택해야 한다는 주장도 있었습니다. 서양문물 수용에 일본이 얼마나 적극적이었는지 충분히 짐작할 수 있는 대목입니다. 중요한 것은 일본 근대화나 영어공용어론 등이 모두 일본을 강력한 제국으로 성장시킨 후에 아시아 전체를 지배하는 패권이 되어야 한다는 제국주의적 관점에 그 뿌리를 두고 있다는 점입니다.

결국 조선은 1910년, 일본에 국권을 빼앗깁니다. 이후 식민지 시대에는 일본의 철저한 동화정책으로 인해서 영어 교육이 일본어 교육에 밀려 영어공용론의 원조는 '영어 국어화론'을 주장한 일본의 모리 아리노리다. 그의 주장은 영어를 아예 국어로 하자는 것이었기 때문에 공용론보다 급진적이라고 할 수 있다. 모리 아리노리의 국어화론은 영어를 구사할 수 있는 엘리트층이 권력을 독점하게 될 것을 우려한 당시 일본 지식인들에 의해 조용히 사라졌다고 한다.

'암흑기'에 빠집니다. 식민지배 초기인 1910년에서 1920년 사이에 일본은 조선에서의 영어 교육을 대폭 축소하지요. 그러다 1920년대부터 1941년까지는 영어가 다른 외국어에 비해 충실하게 교육되다가, 1941년 진주만 공습 이후 일본이 미국과 태평양전쟁에 돌입하면서 영어 교육이 다시 억압됩니다.

일본의 패망 후 남한은 미군에 의해 지배받는 군정기(1945년 8월 15일-1948년 5월 15일)를 맞게 됩니다. 이때 북한은 소련에 의해 통치되다 후에 공산주의 정권을 세웠지요. 미군들이 한국에 와서 해방 후의 혼란한 상황을 다스리려다 보니 당연히 영어를 잘하는 사람이 필요했습니다. 모든 제도가 미국식으로 정비되고 공문서에도 영어가 필수적으로 사용되었으니 말입니다. 요컨대 미군정 시기에 영어를 잘하는 사람은 출세할 가능성이 높아지기 시작한 것입니다. 1946년 경성제국대학이 폐지되고 국립 서울대학교가 설립되어 영어영문학과가 생기면서 국내에서 처음으로 영문학 연구가 시작되었습니다. 이 시기는 미국이 소련 공산주의와의 냉전에 돌입하게 된 때이기도 합니다. 이로 인해 미국은 재빨리 남한을 정상화해서 혹시 모를 상황에 대처해야 했고, 그래서 일제 시대의 친일파들을 다시 관직에 등용시킵니다. 즉 미군정 시기는 미국식 제도가 한국에 정착된 시기이자 친일파가 다시 권력을 잡은 시기이기도 합니다. 이후 한국에서는 지금까지도 친일파 논쟁과 친미-반미논쟁이 끊이지 않고 있지요. 1948년 8월 15일, 남한은 남한만의 총선거를 통해 단독 정부를 수립합니다. 초대 대통령에 취임한 이승만은 젊은 시절부터 영어를 열심히 배워 미국에 유학까지 가서 프린스턴대 박사 학위를 받고 미국 여성과 결혼한 친미 엘리트입니다. 대한민국임시정부의 주석이었던 민족주의자

김구를 제치고 하와이에서 비교적 편안히 교육 운동과 외교 분야의 독립 운동을 펼친 이승만이 대통령이 된 것은 미군정 시기에 미국의 영향력이 얼마나 강력했는지를 잘 보여 줍니다.

1950년부터 3년간의 한국전쟁이 끝나고, 1953년부터는 한국이 본격적으로 미국의 영향권 아래에 들었습니다. 미국의 원조가 시작되면서 영어 책들이 보급되었고, 미국 정부와 단체의 도움으로 미국에 유학 가 1년 정도 체류한 후에 한국으로 돌아와서 영문학을 가르치는 영문학자들이 생기기 시작했습니다. 1960년 4월 19일, 이승만 독재에 항거한 학생과 시민들에 의해 이승만이 한국을 떠났고, 1년 후인 1961년 5월 16일, 일제 시대 때 일본군 장교였던 박정희가 군사 쿠데타를 통해 정권을 장악합니다. 1979년 10월까지 이어진 박정희 시대는 철저한 반공과 냉전의 시기였고, 이때 미국은 박정희의 독재를 눈감아 주면서 한국을 북한에 대항하는 냉전 기지로 만들었습니다. 당연히 한국에 대한 원조도 많이 했지요. 2장에서 살펴봤던 것처럼 미국은 풀브라이트 재단, 미국 공보원 등을 통해 한국의 뛰어난 학생들을 미국에서 교육시킨 후 친미 엘리트로 만들어서 한미관계를 돈독하게 하는 주축으로 삼았습니다. 미국의 젊은 이들은 '평화봉사단'이라는 이름으로 한국에 와서 한국 젊은이들에게 영어를 가르쳤지요. 그 이후 한국에서 영어는 미국과 동일어가 되고, 영어를 잘하는 것은 곧 미국에 갈 수 있는 것, 궁극적으로 성공하는 지름길이 됩니다.

박정희가 암살당한 후, 전두환과 노태우라는 두 명의 군인이 연이어

1980년대 한국을 통치하게 됩니다. 박정희 정권은 독재 정권이기는 했지만 노동자들에 대한 억압과 국제 경제 상황의 호재가 맞물려 경제가 탄탄히 성장했습니다. 그래서 영국이나 미국에 유학을 떠나는 사람도 눈에 띄게 많아졌습니다. 그들이 영문학·영어학·영어 교육을 전공하고 1980년대에 대거 귀국하면서 한국의 영어 교육은 일대 전환을 맞게 되지요. 그동안의 일제 시대식 문법 중심 교육에서 독해·회화·듣기 중심 교육으로 바뀐 것입니다. 1983년부터는 중·고등학교 시험에 영어 듣기 평가가 도입되었고, 1984년부터는 학력고사에도 듣기평가가 포함됩니다. 1988년 서울 올림픽 이후 노태우 정권은 해외여행 자유화 조치를 발표했고, 이후 외국으로 휴가나 유학을 떠나는 사람들이 급증함으로써 영어에 대한 관심도 높아졌지요.

이렇게 구한말부터 1980년대에 이르기까지 한국의 영어 수용 과정을 간략히 살펴봤습니다. 이 과정을 통해 우리는 영어가 한국 역사 속에서 무엇을 상징하고 있는지를 알 수 있습니다.

첫째, 영어는 곧 근대화였습니다. 영어는 19세기 말, 조선이 중국보다 훨씬 강한 여러 서양 나라들이 있다는 것을 알게 되고, 서양문물을 수용함으로써 힘을 길러야 한다는 사실을 깨닫는 데 있어서 통로가 된 언어입니다. 영어를 배운다는 것은 곧 근대문물을 배운다는 것이었습니다.

둘째, 영어는 곧 서양화였습니다. 근대의 문물을 수용한다는 것은 서양을 배우는 것이었지요. 중국의 문화권 속에서 수천 년을 살아온 우리나라가 근본적으로 방향을 전환한 셈이었습니다. 구한말부터 1980년대에 이르기까지 야망을 품은 수많은 젊은이들이 서양으로 공부를 하러 떠났다가 돌아왔습니다. 그들이 배워온 서양문물은 우리나라를 근대화시킨 가장 근본적인 수단이었습니다.

셋째, 영어는 곧 미국화였습니다. 적어도 1945년 해방 이후 미군정 시기부터 영어는 미국과 뗄 수 없는 관계를 맺고 있습니다. 또한 해방 이후 우리의 현대사는 미국과 관련짓지 않고는 설명할 수 없습니다. 한국은 냉전의 전초 기지로서 미국을 '우방'이 아닌 '혈맹血盟'으로 여겼고, 미국의 도움이 없었으면 한국은 성장하지 못했을 거라고 믿는 사람들도 많습니다. 영어를 잘하는 것은 그래서 미국을 배우는 일, 미국을 닮아 가는 일, 미국식대로 한국을 만들어 가는 일과 언제나 연결되어 있었습니다. 미국은 해방 이후부터 지금까지 한국의 두뇌들을 미국에서 교육시키고 다시 한국으로 내보냄으로써 한국을 미국의 영향권 안에 두는 데 힘써 왔습니다. 2장에서 살펴봤듯, 그 과정은 미국의 패권을 공고히 하기 위한 하나의 정치적 수단이었지요. 제2차 세계대전 이후 미국은 영어를 통해 제3세계에 미국식 생활방식과 세계관을 퍼뜨렸는데 한국은 그 가장 큰 '수혜자'(?)였던 것입니다.

우리는 한국에 영어가 수용되는 과정에서 제국주의 역사를 볼 수밖에 없습니다. 조선이 영어를 받아들인 것은 일본과 미국이라는 당대 두 제국주의 국가의 강압 때문이었습니다. 근대화론자들은 일본어와 영어를 애써 배움으로써 나라의 힘을 키우고 싶었지만, 그것은 제국주의 질서 안에서 모조리 흡수됩니다. 일본이 들어오기 전 한국인들은 중국의 문자 체계인 한자를 써야 했고, 일본의 식민지배를 거치면서는 일본어를 써야 했으며, 일본이 가고 나니까 영어를 배워야 했습니다. 중국어, 일본어,

영어는 식민지로서의 우리나라 역사와 얽혀 있습니다. 중국, 일본, 미국의 패권이 한국을 집어삼킬 때마다 한국인들은 그 나라의 언어를 배워야 했고, 외세는 언제나 자기 나라의 언어를 가르침으로써 가장 뛰어난 엘리트들을 자신의 편으로 만들었습니다. 정치적 제국주의와 언어 제국주의가 어떻게 얽혀서 함께 가는지, 한국의 엘리트들이 배워야 했던 언어들을 통해 알 수 있는 것이지요.

영어, 세계어에 등극하다: 1990년대 이후 세계화와 영어

1990년대 들어서 영어의 중요성은 다른 모든 외국어를 압도하기 시작합니다. 그 주된 이유는 우리는 현재 '세계화' 시대에 살고 있고, 세계화 시대의 '세계어'는 영어이기 때문이라고들 합니다. 한국인들이 세계화 globalization라는 말에 익숙해지기 시작한 것은 아마 1994년 11월경이었을 겁니다. 당시 대통령이었던 김영삼이 동남아 순방 길에 오스트레일리아를 방문하던 중 '시드니 구상'이라는 것을 발표하면서 향후 국정 기조를 '세계화'로 삼겠다고 선언했습니다. 그러자 갑자기 한국에 세계화라는 말이 유행하기 시작했지요. 그때부터 신문들은 연일 세계화 기획을 내보내기 시작했고, 교수들은 학회를 열어 세계화가 맞는지 국제화가 맞는지를 논의했으며, 급기야 텔레비전에서는 한 농부가 "제 경쟁 상대는 덴마크 농부입니다"라고 다부지게 말하는 공익광고까지 등장했습니다. 그로부터 15년 가까이 지난 지금, 세계화는 우리 사회와 세계가 처한 형국을 설명하는 자연스러운 표현이 되었다고 해도 지나친 말이 아닙니다.

그런데 도대체 세계화가 뭘까요? 거창한 얘기를 하기 전에 우리 일상을 한번 둘러봅시다. 아침에 일어나 '캘리포니아 휘트니스'에서 헬스를 하고, '스타벅스'나 '커피빈'에 들러 커피 한 잔과 빵 한 조각을 먹고, '말보로' 담배 한 대를 피운 후, 다국적 기업에서 일을 하고, 퇴근 후에는 영어 회화 수업을 받고, 잠시 백화점에 들러 '나이키'나 '리바이스' 옷을 산 후, 집에서 〈CSI〉나 〈섹스 앤 더 시티Sex and the City〉를 보다가 잠이 드는 것 — 별로 특별할 것 없는 일상이 아닌가요? 그런데 우리의 '세계화'는 단지 외국 브랜드의 상품을 소비하는 데 그치지 않습니다. 우리 주위에 는 중·고등학교 때부터 조기유학을 준비하는 학생들이나 토익·토플 시험을 보는 대학생들, 여름휴가를 사이판에서 보내거나 뉴욕에 출장을 다녀오는 직장인들이 넘쳐 납니다. 우리가 먹는 삼겹살은 대부분 남미산이고, 소고기는 미국에서 수입되고, 우리가 입는 옷들은 주로 중국이나 동남아시아의 공장에서 만들어진 것이며, 우리가 쓰는 전자제품 역시 제조국은 한국이 아닌 경우가 대부분입니다.

아르준 아파두라이Arjun Appadurai라는 사회학자는 세계화를 가리켜 "사상과 이데올로기, 사람과 상품, 이미지와 메시지, 기술과 기교 등 모든 것들이 이동하는 유동적 세계"로의 전환이라고 표현했습니다. 다시 말하면 세계화란 세계 각 지역들 사이의 상호 연관성이 증가하는 경향을 일컫는 것이지요. 우리가 소비하고 일하고 보고 읽는 모든 것들이 세계의 여러 나라들과의 교류 속에서 필연적으로 등장할 수밖에 없다는 겁니다. 만약 이것이 세계화라면 그런 경향은 멀게는 15세기 유럽의 비유럽 세계 탐험 이후부터, 가깝게는 마르크스와 엥겔스가 『공산당 선언The Communist Manifesto』에서 묘사하듯 전세계로 뻗어 가는 자본주의적 근대화 이후부터 지속되어 오고 있는 현상입니다.

하지만 오늘날 통용되는 세계화라는 말은 이런 일반적 경향성만을 지칭

하지는 않습니다. 김영삼 대통령의 '세계화'가 1990년대 초반 전세계적 자유경쟁에서의 생존과 승리로 정의되었다는 점에서 알 수 있듯이, 적어도 한국에서 세계화라는 개념은 전세계적 경쟁을 일반화하고 있습니다. 세계화라는 말이 "제 경쟁 상대는 덴마크 농부입니다"라고 말하는 공익광고 문구를 통해서 국민들에게 친숙해졌음을 기억한다면, 그것이 언제나 '초국적 경쟁', '생존과 승리'와 같은 메시지를 전달하기 위해 사용되고 있음을 알 수 있습니다.

한국에서 세계화의 의미가 이런 방식으로 자리 잡은 역사적 배경에는 1970년대 말 미국과 영국이 세계 경제를 신자유주의적으로 재편하기 시작한 사건이 있습니다. 신자유주의란 국가가 시장에 대한 개입을 최소화하고, 기업에 대한 각종 규제를 풀어서 기업이 자유롭게 활동하게 해주고, 또 무역을 자유화하여 그에 따른 시장의 활성화를 통해 경제를 부흥시키겠다는 이념입니다. 이 과정에서 정부 예산은 삭감되고, 자본시장은 자유화되고, 외환시장이 개방되고, 관세가 인하되거나 없어지고, 국가 기간산업이 민영화되고, 외국 자본에 의한 국내 기업의 합병 및 매수가 허용되고, 정부 규제가 축소되거나 사라지며, 재산권이 극도로 보호되는 정책이 탄생하게 됩니다. 1980년대 초 영국의 대처 수상과 미국의 레이건 대통령의 집권과 함께 시작되었던 신자유주의적 경제정책은 1989년 소련이 무너지면서 급격히 강화되었습니다. 영국과 미국만 신자유주의 정책을 쓰고 다른 나라들이 보호무역이나 국가 개입 정책을 쓴다면 영국과 미국의 정책은 먹힐 수 없겠지요. 그래서 두 나라는 세계무역기구 WTO, 국제통화기금 IMF, 세계은행 World Bank 등을 자신의 뜻대로 움직이서

나 여러 나라들과 자유무역협정 FTA을 맺음으로써 신자유주의 정책을 국제 경제 질서로 확립시킵니다. 결국 1990년대 이후 한국은 완전히 신자유주의 경제 구조 속에서 움직이게 됩니다. 1994년 한국은 세계무역기구에 가입했고, 1997년 외환위기가 발생하자 국제통화기금, 즉 IMF에 도움을 요청했습니다. IMF는 구제의 대가로 한국이 신자유주의적 사회 구조로 전환할 것을 요구했습니다(공기업 민영화, 기업 구조조정, 시장개방 확대 등). 그 기조가 이어지면서 결국 2007년에는 한국과 미국이 자유무역협정(한-미 FTA) 체결에 합의한 것이지요.

신자유주의의 핵심을 하나만 말하라고 한다면 그것은 '무한경쟁'일 것입니다. 지금껏 정부가 무역이나 국민의 복지를 책임졌다면 이제는 회사와 개인이 '알아서' 자신의 경쟁력을 길러 세계인들과 싸워 이겨야 하는 시대가 되었다는 뜻이지요. 자기가 '알아서' 살아 나가는 것이 바로 신자유주의에서 '자유'가 갖는 의미입니다. 이렇게 신자유주의적으로 재편된 세계 경제 상황에 한국이 들어간 때가 1990년대이고, 이런 무한경쟁 상황을 국민들에게 '장밋빛 미래'로 표현하기 위해 도입된 말이 '세계화'입니다. 세계화라고 하면 뭔가 거창해 보이고 마치 우리가 이제는 세계인들과 엄청난 교류를 하는 것처럼 보이지만, 사실은 국가의 경계가 사라져서 우리의 경쟁 상대가 세계 전체가 된 것을 의미합니다. 이것이 좋은 것일지 나쁜 것일지는 여러분이 스스로 판단해 보시기 바랍니다.

영어는 세계화와 신자유주의로 한국 사회가 완전히 바뀌는 과정에서 '세계어'로 불리면서 그 중요성이 급격히 커집니다. 우리가 세계화 시대에 살게 되었으니 세계어인 영어를 잘해야 경쟁에서 유리하다는 아주 단순하고 명확한 논리에서 말이지요. 1994년 한국은 세계에서 11번째로 거대한 영어 교육 시장을 갖게 되었고, 1997년에 정부는 초등학교 3학년을 대상으로 주당 2시간씩 영어 수업을 하게 하는 법을 만듭니다. 이와 더불어 1990년대부터 서서히 대학생들이 어학연수를 떠나기 시작하지요. 1997년 IMF 구제금융 사건이 터져서 한국 경제가 최대의 위기를 겪은 후에는 무한경쟁에서 끝까지 살아남는 것이 한국인에게 가장 중요한 화두가 되기에 이릅니다. 그러자 영어는 대학입시 과목에서 벗어나 전국민의 필수 과목으로 변합니다.

소설가 복거일이 『국제어 시대의 민족어』라는 책을 통해 영어를 한국어와 함께 공용어로 삼고 궁극적으로는 국어로 삼자는 주장을 하여 한국 사회에 처음으로 영어공용화 논쟁을 촉발시켰던 때가 1998년입니다. 한국이 IMF 상황을 맞아 엄청난 고통을 겪고 있던 시기였지요. 세계화와 신자유주의가 한국 사회를 완전히 잡아먹었을 때 마침 영어를 한국의 공용어로 삼자는 주장이 터져 나온 것은 단지 우연일까요? 제가 볼 때는 아닙니다. 그것은 매우 필연적이고 논리적인 귀결이었습니다. 복거일은 1980년대부터 시장에 대한 거의 완전한 자유 부여와 국가의 시장 개입 최소화 등 극단적인 자유주의 경제이론을 옹호했던 소설가입니다. 그런 그가 세계 경제가 신자유주의적으로 전환됨에 따라 목소리를 높이게 된 것은 당연한 결과이죠. 복거일은 이제 민족국가들이 힘을 잃고 하나의 거대한 '지구제국'의 시대, 혹은 세계화의 시대가 되었으므로, 그에 따라 "민족어들은 … '박물관 언어'로 남을 것"이라고 말합니다. 영어가 이미 '지구제국'의 공용어가 되었고, 그에 따라 영어를 사용하여 얻는 경제적 영어몰입교육은 실현 가능한가?
바람직한가?
아니, 그보다… 우리를 행복하게 해줄까?

이익이 커질수록 영어를 공부하는 사람들은 많아질 수밖에 없다는 것이죠. 그렇다면 영어를 아예 한국의 공용어로 만드는 것이 '지구제국' 시대의 경쟁에서 승리할 수 있는 지름길이라는 겁니다. 2003년에 좀 더 공격적이고 직접적인 제목을 단 『영어를 공용어로 삼자』라는 책에서 그는 이렇게 주장합니다. "우리가 고를 수 있는 단 하나의 대책은 우리의 모국어인 조선어를 버리고 영어를 우리말로 삼는 것이다. 다른 조치들은 아무리 그럴 듯해 보여도 충분한 대책이 될 수 없다."(복거일, 2003) 세계화 시대에 국가의 역할이 축소되고 개인이 경쟁의 주체가 되었을 때 가장 중요한 것은, 어떻게 하면 내 부가가치와 경쟁력을 높여서 세계적 경쟁에서 승리하느냐가 될 것입니다. 그렇다면 한반도에서만 사용되는 한국어가 아니라 세계 무대에서 공용어 지위를 획득한 영어를 쓰는 것이 경쟁에서 이기기 위한 기초체력을 다지는 데 중요해질 것입니다. 그래서 복거일은 영어를 우리의 공용어로 삼아야 한다고 매우 진지하게 주장한 것입니다. 요컨대 복거일에게 영어는 우리와 우리의 자손들이 유리한 위치에 서서 경쟁할 수 있도록 해주는 필수요소인 것이지요.

복거일의 영어공용론을 보면서 우리는 구한말 근대화론자들의 열렬한 영어 예찬, 그리고 일본에서의 영어공용론을 떠올릴 수 있습니다. 앞에서 살펴보았듯이 조선 말기의 일부 선각자들은 서양문물을 적극적으로 받아들여야만 조선 민족이 살아남을 수 있다고 믿었습니다. 그래서 열심히 영어를 공부하고 유학을 가서 조선의 인습을 없애기 위한 운동을 했습니다. 일본에서 막 근대화가 힘을 얻어가던 1872년, 유학생 출신의 모리가 일본어 대신 영어를 써야 한다는 영어국어화론을 주장했습니다.

2000년에는 일본 정부의 자문기관인 '21세기 일본의 구상' 간담회가 「일본의 프런티어는 일본 안에 있다」라는 제목의 보고서를 발표했습니다. 그 보고서에서는 "장기적으로 영어를 제2공용어로 하는 것도 시야에 넣어야 한다"라는 주장이 조심스럽게 제기되었습니다. 일본 정부의 자문기관이 이렇게 영어공용어론을 제기한 이유 역시 21세기 세계화 시대를 맞아서 일본이 경쟁에서 살아남자면 영어가 중요하다고 믿었기 때문입니다(이연숙, 2001).

구한말 근대화론자들의 영어에 대한 집착, 메이지 시대 일본의 영어국어화론, 복거일의 영어공용론, 일본 정부 자문기관의 영어공용론—이 네 가지의 공통점은 무엇일까요? 첫째, 현실의 위기를 인식했을 때 등장했다는 점입니다. 둘째, 경쟁에서 승리하기 위한 방식을 얘기하고 있다는 점입니다. 셋째, 경쟁에서 살아남는 데 있어 영어를 최우선으로 보고 있다는 점입니다. 여기서 우리가 알아야 할 것은 이들의 주장 속에서 '영어'는 이미 단순한 하나의 언어가 아니라는 점입니다. 영어는 세계적 패권의 상징, 최고의 서양문물, 성공과 승리의 동의어입니다.

영어와 성공:
달동네 아이들은 홍정욱이 될 수 있을까?

영어가 성공과 출세를 위한 언어라는 점은 그것이 조선땅에 처음 들어오던 때부터 지금까지 변하지 않았습니다. 1886년 이화학당이 문을 열었을 때 첫 번째로 등록한 학생은 영어를 통해 신분 상승을 원하던 여성이었다고 합니다. "고급관리의 소실인 그는 언젠가는 왕후의 통역관이 되리라는 희망을 가지고 영어를 배우러 왔던 이화의 첫 학생이었다."(김영우, 1996) 또 아펜젤러 Henry Appenzeller가 설립한 배재학당의 학생들에게도 영어는 출세의 언어였습니다.

> 한인들의 영어 공부열은 대단하다. 새 언어를 조금만 알아도 어떤 고관지위에 올라가는 기회가 된다고 생각하는 것은 예전이나 오늘이나 마찬가지다. 당신은 왜 영어 공부를 하려 하느냐고 물으면 언제나 변함없이 '벼슬을 하려' 고 대답할 것이다(김영우, 1996).

'한글'이라는 단어를 만들었고 일제하에서도 평생을 한글 연구에 바친 주시경 선생에게도 어른들은 이렇게 훈계했다고 합니다.

애야, 너 같은 재질로써 영어나 한어 같은 것을 잘 공부하면 장래에 돈벌이라도 착실히 할 것인대 그까짓 언문은 무엇하자고 밤낮 들여다보고 있어? 에이 미련한 것 보겠지!(강내희, 2005)

대한민국의 초대 대통령이 된 이승만에게 영어는 "장래에 돈벌이라도 착실히 할 것"으로서보다는 일제치하에서 힘을 기르고 독립국가를 만들 수 있는 통로였습니다. 그는 근대화론자로서 감옥에 있을 때부터 영어 성경으로 영어를 공부하고 영어사전까지 만들었으며, 출소 후에는 미국에 가서 프린스턴대 박사가 되었습니다. 이런 경력을 바탕으로 미주 지역 독립운동의 지도자가 되었으며, 결국 미군정의 절대적 지원에 힘입어 대통령의 자리에 올랐습니다.

세계화 시대의 영어 열풍도 성공과 출세의 수단이기는 마찬가지입니다. 영어몰입교육을 한다는 국제중학교에 들어가기 위해 유치원 때부터 영어를 배우면서 한 달에 80만 원을, 혹은 거기에 다른 과외까지 해서 200만 원이 넘는 돈을 써가며 학원에 다니는 이유는 뭘까요? 정말 영어, 그것만을 위해서일까요? 사실은 영어를 잘해서 국제중학교에 가면 그 후에는 외고로, 그 다음에는 미국의 아이비리그 대학이나 한국의 소위 명문대에 들어가는 데 훨씬 유리하기 때문 아닐까요? 국제중에 대한 한 기사에 따르면, 초등학생들과 학부모를 상대로 한 국제중 입시 설명회에서는 학원 원장의 설명이 끝나자 2부 순서에서 카이스트에 재학 중인 학생의 강연이 이어졌다고 합니다(박상규, 2008). 영어몰입교육을 하는 중학교 입학이 카이스트 같은 명문대 입학이라는 목적과 궁극적으로 연결되어 있기 때문입니다. 한국 사회에서 외국 유명 대학이나 한국의 명문대를 나오면 많은 경우 출세와 성공이 보장되지요. 영어는 바로 그 명문대에 가기 위한 효과적인 수단인 셈입니다.

제가 고등학교를 졸업하던 해인 1993년, 당시 전국의 중·고등학생과 대학생들의 꿈과 야망을 자극했던 책 한 권이 생각납니다. 『7막 7장』이라는 책으로 당시 24살의 홍정욱이라는 청년이 쓴 일종의 자서전이었습니다. 저 역시 그 책을 읽으면서 '야, 멋있다, 잘생겼다, 좋겠다'를 연발하며 감탄했던 기억이 있습니다. 당시 많은 젊은이들에게 홍정욱은 그토록 바라던 성공의 역할모델이었지요. 하지만 제 기억 속에는 그의 인생에 대한 동경과 함께 떨쳐 버릴 수 없던 열등감이 함께 있습니다. 영화배우 아버지를 만나서 어린 시절에 미국으로 조기유학을 떠나 하버드 대학을 졸업한, 너무나 수려한 귀공자 앞에서 저는 한없이 초라해지는 느낌을 받았지요. 그는 정말 성공한 젊은이였고, 제가 따르고 싶은 사람이었지만 그가 가진 것들을 저는 가지지 못했거든요. 제가 자랐던 광주에서는 과외는커녕 방학 때 가끔 학원을 한두 달 다니는 것 말고는 이렇다 할 사교육을 받는 사람들이 없었습니다. 하물며 홍정욱처럼 어린 나이에 미국으로 떠나고, 그래서 영어도 잘하고, 하버드대도 갈 수 있다는 것은 상상할 수 없는 일이었지요.

홍정욱이 한국 젊은이들의 역할모델이 된 후, 채 1년도 지나지 않아 당시 대통령이 '지금은 세계화 시대'라고 했고, 대학생들은 한두 달씩 어학연수를 떠나면서 '세계를 체험하는' 유행이 일었습니다. 홍정욱이야말로 세계화 시대 한국 젊은이들의 미래였지요. 현재 홍정욱은 한나라당 국회의원에 당선되어 의정 활동을 하고 있습니다. 성공한 이 젊은 엘리트 사업가는 서울 상계동에서 의원에 당선되었습니다. 상계동은 강남 수준의 교육열과 달동네가 공존하는 지역입니다. 개발이 가져온 양극화를 극명하게 보이는 동네이지요. 그가 한 공약 중에는 정기저으로 기여 아이들에게 영어를 가르치겠다는 공약도 있습니다. 상계동 주민들 중 다수는 성공한 엘리트 사업가가 자신들을 위해 일할 것이라는 데 큰 기대를 품었고, 자기 아이들도 열심히 하면 홍정욱처럼 될 수 있으리라는 꿈을 가지게 되었다고 합니다. '7막 7장'의 꿈은 1993년 이래 15년이 넘게 지난 지금까지도 한국 사람들에게 영향력을 미치고 있는 것 같습니다.

하지만 과연 이 성공, 이 출세, 이 꿈이 상계동의 가난한 집 아이들에게도 실현 가능한 것일까요? 그들도 홍정욱 의원에게 영어를 배우고 열심히 공부하면 홍정욱처럼 될 수 있을까요? 그 아이들도 열심히만 하면 국제중에 가서 영어몰입교육을 받고 나중에 아이비리그 대학이나 서울대에 들어갈 수 있을까요? 물론 저는 이 질문의 답이 모두 '예'이길 바랍니다만, 현실은 그와 다르게 느껴집니다. 일단 조기유학은 차치하고라도, 상계동의 가난한 아이들이 국제중에 들어가기 위해서는 그에 상응하는 준비를 거쳐야 할 겁니다. 우선 영어몰입교육을 받을 수 있는 실력을 갖추기 위해서는 기본적인 영어 실력이 필요하겠죠. 그래서 적어도 영어회화 정도는 몇 년간 지속적으로 받아야 할 겁니다. 홍정욱 의원 혼자 방치된 저소득층 아이들을 다 가르칠 수는 없겠지요. 한 기사에 따르면 교육청이 학원비 상한선을 정해 두고 있기 때문에 국제중 입시를 위한 사설학원비는 거의 비슷하다고 합니다. 한 예로 영어, 수학, 과학, 국어 등을 배우는 어느 국제중 대비반 수강료는 한 달에 87만 5,000원이라고 합니다. 과연 가난한 부모님이 이만한 학원비를 감당할 수 있을까요? 어쩌다가 국제중에 들어갔다고 칩시다. 현재 예상되는 국제중의 한 학기 등록금은 450만 원이 넘는다고 합니다. 과연 비정규직 가난한 부모님들이 1년에 천만 원 가까이 되는 중학생 아이의 등록금을 댈 수 있을까요? '노동의 유연성'을 내세우는 신자유주의 체제 아래서 만약 비정규직 부모님들이 해고당하는 '자유'를 누리면 어떻게 하지요? 고생 끝에 국제중을 졸업했다고 칩시다. 그 아이들은 어떤 고등학교에 가야 합니까? 3년간 다시 과외를 받고 학원에 다니면서 아이비리그 대학 입학을 준비할 수 있을까요? '강북의 강남'이라 불리는 같은 동네 아이들, 그리고 진짜 강남 아이들과 사교육비 격차가 하늘과 땅 차이로 벌어지고 있습니다. 그런데도 가난한 상계동 아이들이 이들과 경쟁할 수 있을까요?

2007년 8월에 한국보건사회연구원이 조사하여 발표한 통계 자료를 보면 그런 일은 거의 불가능할 것 같습니다. 「한국복지패널 분석」이라는 이 보고서에 따르면 저소득층과 중산층 가정에 속한 초등학생의 학업 성적을 분석한 결과, 전반적으로는 큰 차이가 없었지만 유달리 영어에서는 계층 간의 학력 격차가 뚜렷이 나타났기 때문입니다. 저소득층 초등학생 중 영어 성적이 상위권이라고 대답한 학생이 30퍼센트대인데 반해서 중산층 초등학생의 경우에는 50퍼센트가 넘었습니다. 또 다른 주요 과목인 수학과 국어에서는 그 격차가 미미했습니다. 이 연구를 수행한 연구자는 "초등학교 시절부터 벌어진 영어 실력 격차가 계층 간 양극화를 심화시키는 가장 큰 요인"이라고 분석했습니다(조철환, 2007). 이 말은 영어가 저소득층과 중산층 초등학생들이 보이는 성적 격차의 가장 큰 원인이고, 그것이 이들의 대학 진학률에 영향을 주며 결국은 계급 간의 격차를 낳게 된다는 말입니다. 왜일까요? 이 차이는 어렸을 때부터 영어 유치원이나 어학연수, 조기유학, 영어회화 학원 등을 통해 영어를 배울 수 있는 학생과 그렇지 못한 학생들 사이의 영어 실력 차이입니다. 더 근본적으로는 비정규직으로 일하면서 한 달에 100만 원 버는 아버지와 전문직으로 일하면서 한 달에 500만 원 버는 아버지의 월급 차이입니다. 다시 말하면 한국에서의 영어 실력 차이의 핵심은 부모의 돈입니다.

사회학자 최샛별 교수가 2002년에 전국 여섯 개 대학(서울대, 이화여대, 국민대, 동아대, 전북대, 한림대)의 대학생 1,719명을 대상으로 조사한 영어 실력과 부모의 사회·경제적 지위 간의 관계에 대한 연구에 따르면, 소득·생활수준·부모의 학력이 높아질수록 영어에 자신이 있다는 응답자는 늘어난다고 합니다. 반면 영어에 자신이 없다는 응답자는 부모의 소득·생활수준·학력이 낮아질수록 많아진다고 합니다. 생활수준이 가장 높은 편이라고 응답한 69명 중 42퍼센트가 영어에 자신 있다고 답했지만, 생활수준이 가장 낮다고 응답한 84명 중 영어에 자신이 있다고 답한 비율은 12퍼센트였습니다(자신 없다고 답한 비율은 74퍼센트). 아버지가 전문직이나 관리직일 때 영어에 자신 있다고 답한 비율이 높았고(51.4퍼센트), 아버지가 농어민인 경우 영어에 자신 없다고 답한 비율이 74.2퍼센트로 가장 높았습니다(최샛별, 2003). 부모의 소득이나 직업에 따른 초등학생 간의 영어 실력 격차가 대학생이 되면서 더욱 벌어지는 것이지요.

이제 세계화 시대에 영어는 출세와 소득까지 결정할 지경입니다. 이 같은 현상을 가리켜 '잉글리시 디바이드 English Divide'라고 합니다. 한 신문 기사에 따르면, 의료계나 법조계 등 전문직에서 영어 구사 능력은 "'미래가 폭넓게 열린 사람'과 '지금 맡은 일이 한계인 사람'을 나누는 척도로 작동"한다고 합니다(김수혜, 이지혜, 2007). 의사들 중 영어를 잘하는 사람들은 미국에 나가 최신 기술을 연구하고 배우고 인맥을 쌓을 수 있지만 영어를 못하는 사람들은 영어 때문에 해외 학회의 강연 요청까지 거절하기 일쑤라는 것입니다. 사법연수생들의 전망에 따르면, 앞으로 한-미 FTA로 인해 법률시장이 개방되면 외국 대형 법률회사들이 들어올 텐데 그렇게 되면 영어를 잘하는 변호사들은 잘나가는 대형 법률회사에 취직할 수 있지만, 영어를 못하는 사람은 '이혼과 교통사고 소송'밖에 할 수 없다고 한답니다. 한국 사회에서 가장 성공한 직업군으로 분류되는 의사나 변호사들도 영어에 따라 미래 전망이 바뀐다는 것이죠.

여기까지 갈 필요도 없이, 과연 앞에서 말한 상계동의 가난한 아이들은 도대체 의사나 변호사가 '될 수나' 있을까요? '무한경쟁'을 강조하는 정부가 이제는 교육시장도 다 개방하고, 학생들에게 '학교 선택권'을 줘야 한다고 목소리를 높이고 있는 상황에서, 조만간 최고 수준의 시설과 영어몰입교육 환경을 제공하는 학교들이 생길 상황에서, 이런 학교에 들어갈 준비는커녕 등록금도 대기 힘든 가난한 달동네 아이들은 부잣집 아이들과 경쟁할 수 있을까요? 가난한 아이들의 영어 실력으로 미국에서 살다 온 부잣집 아이들을 누를 수 있을까요? 그래도 열심히만 하면 의사나 변호사가 될 수 있을까요?

홍정욱 의원이 선거 전에 상계동의 주민들을 향해 던진 두 가지 공약을 비교해 보면 이 질문에 대한 대답이 될 수 있을 것 같습니다. 하나는 자신이 상계동 아이들에게 영어를 가르치겠다는 것이고, 다른 하나는 상계동에 뉴타운을 건립하겠다는 공약입니다. 영어와 뉴타운. 하나는 자식들의 성공을 보장해 주는 열쇠고 다른 하나는 부모들의 재산을 불릴 수 있는 열쇠입니다. 둘 다 희망이고 꿈이지만 가난한 상계동 부모들과 자식들이 이 두 가지를 가지기란 불가능에 가까워 보입니다. 서울시의 다른 사례들에서도 보이듯, 달동네를 허문 자리에 세운 뉴타운에 원래 살던 주민이 입주하는 비율은 매우 낮습니다. 그들이 받은 보상금으로는 비싼 새 아파트에 들어갈 수가 없기 때문입니다. 일부는 뉴타운에 지어지는 몇 안 되는 임대주택에 운 좋게 입주할 수도 있겠지만, 대부분의 주민들은 보상금을 쥔 채 화려해진 자기 동네를 떠나 집값이 싼 동네로 이주할 수밖에 없습니다(상계동 주민들은 이미 20년 전에 이런 일을 경험했습니다. 김동원 감독의 〈상계동 올림픽1988〉이라는 다큐멘터리에는 서울올림픽 개최 결정 직후 서울시의 미관상 좋지 않는다는 이유로 정부가 상계동 달동네를 철거하자, 갑자기 집을 잃게 된 주민들이 이에 맞서 투쟁하는 이야기가 눈물겹게 그려져 있습니다). 즉 홍정욱이 도와주겠다고 한 저소득층 주민들은 뉴타운 개발로 인해 더 이상 그 동네에서 계속 살 수 없고, 따라서 그가 약속한 혜택을 받지 못할 확률이 높은 것입니다. 남아 있는 주민이라고 해도 임대주택에 사는 빈곤층에 가까울 텐데, 이들의 자녀들이 사교육 혜택도 없이 (만약 공약이 지켜진다면) 한 달에 한두 번 홍정욱 의원에게 영어를 배워서 강남의 부잣집 아이들과 경쟁할 수 있다는 것 역시 꿈 같은 이야기입니다. 이 아이들에게 무료로 영어를 쓰고 익힐 수 있는 질 좋은 환경을 만들어 주지 않는 한 말입니다. 뉴타운이 지어져도 달동네 주민들이 그곳에 살 수 없는 것처럼, 가난한 아이들이 아무리 제 딴에 열심히 영어를 배워도 부잣집 아이들과의 실력 차이를 극복할 수 없습니다. 지금 저는 상계동의 가난한 아이들을 예로 들었지만, 서울이 아닌 전국의 수많은 농어촌 지역의 아이들까지 생각한다면 그 격차는 더욱 커질 것입니다.

그렇습니다. 세계화와 무한경쟁 시대, 한국의 지도자들은 '우리는 세계 최고가 될 수 있다'라고, '꿈과 희망을 가지자'라고 입버릇처럼 말합니다. 그런 말들을 듣고 있노라면 정말 세계화 시대에 열심히만 일하면 우리도 선진국 국민이 되고, 다 행복하게 잘살 수 있을 것처럼 느껴집니다. 세계화와 무한경쟁 시대에 성공하기 위해서는 '자원'이 있어야 합니다. 영어는 그 대표적인 자원입니다. 하지만 누구나 영어를 잘할 수 있는 것은 아닙니다. 영어는 영어를 쓸 수 있는 환경 속에 있는 사람들이 잘할 수 있고, 그 환경은 대부분 부모의 경제적·사회적 능력과 지위에 의해 만들어집니다. 구한말에서 현재까지 영어는 성공으로 가는 열쇠였지만, 그 열쇠를 손에 쥘 수 있는 가능성은 가면 갈수록 부자들에게 집중됩니다. 영어는 누구나 잘할 수 있을 것 같지만 사실은 아닌 것이지요. 모두가 무한경쟁을 할 때 모두가 승리자가 될 수 없는 것처럼, 모두가 영어를 배우는 일에 공감한다 해도 결코 모두가 영어를 잘할 수 없습니다. 세계화가 외치는 장밋빛 그림 속에는 엄청난 가시들이 박혀 있는 셈입니다.

윤치호의
일기가
질문하는 것

"이 조선에서 누구보다도 선진으로 양복만 입었던 윤치호 씨는 양복에 반역노反逆老라 할까. 그는 언제나 양복을 입지 않고 조선옷만 입고 양복 바지에도 조선 대님을 차고 다닌다."

– 『윤치호 일기 1916-1943』(역사비평사, 2001)에서 발췌 재인용. 위는 「혜성」 1931년 12월호에 왼쪽 캐리커처와 함께 실린 설명이다.

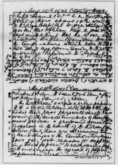

윤치호가 쓴 영어 일기

구한말과 식민지 시대에 지식인이자 정치인으로 살았던 윤치호는 1883년부터 장장 60년간 쓴 방대한 일기를 남겼다.

그의 일기는 식민지 지식인의 내면 세계를 짐작할 수 있는 중요한 자료이다. 그런데 더욱 흥미로운 것은 그의 일기에 등장하는 언어의 변천사다. 처음 일기를 쓰던 몇 년간 윤치호가 사용한 문자는 한문이었다. 그러다 1887년 11월 26일부터는 한글과 한문을 혼용하여 쓰기 시작했다. 1888년 미국으로 유학을 떠나면서부터 윤치호의 일기에 사용된 언어는 영어로 바뀌었고, 이후 마지막까지 그는 영어로만 일기를 썼다(송승철, 1998).

유서 깊은 가문에서 태어난 윤치호는 어려서 자연스럽게 한문을 배웠다. 이후 조선의 살길은 개화를 통해 근대문물을 수용하는 것이라 믿게 된 윤치호는 1881년 신사유람단을 따라 일본에 건너가 일본어를 배웠다. 그러다 일본을 거치지 말고 직접 서구의 문물을 수입하려면

영어를 배우라는 김옥균의 권유를 받고 영어를 공부하여 조선 최초의 영어통역관이 되었다. 그는 미국 유학을 떠나 영어를 통해 서양문물을 배웠으나, 뿌리 깊은 인종 차별 역시 함께 겪어야 했다. 귀국 후에는 교육 사업에 헌신하면서 식민지 조선에 근대문물을 이식하려 애썼으나, 결국 일제 말기에 친일파로 변절한다.

힘이 없어 열강에 짓밟히기만 하는 나라를 근대문물을 통해 부강하게 만들고자 했던 식민지 지식인 윤치호, 그는 바로 그 열망을 이루기 위해 일본어와 영어라는 외국어를 그토록 열심히 배워야 했다. 그의 영어 일기는 이를 단적으로 보여 준다. 그러나 서구화와 근대화에 대한 그의 열망에는 주체성이 결여되어 있었고, 결국 그는 '조선을 더 부강하게 하기 위해' 대동아공영권의 지지자가 된다. 하지만 그가 친일로 태도를 바꾼 후 얼마 안 가 그토록 믿었던 일본제국은 패망했다. 윤치호는 해방 4개월 후 자신의 친일행적이 발각되자 스스로 목숨을 끊는다.

윤치호의 삶이 우리에게 말해 주는 것은 무엇일까? 그가 죽은 지 60년이 지난 오늘, 그보다 더 영어 일기를 잘 쓰고, 영어회화를 잘하게 된 한국의 어린 학생들을 보면서 윤치호는 과연 어떤 생각을 할까?

식민지 상황에서 오로지 강대국의 언어를 통해서만 살길을 찾았던 윤치호 같은 지식인들, 그리고 별다른 성찰도 없이 열렬히 영어를 받아들이는 오늘의 우리 사이에는 어떤 차이가 있을까?

B C D E F G

I K L M N O

R R 8 T U V W

! O U
B P M
N Y R

Z

سلام

الحروف العربية

ت ث
ج ح خ
ا إيزك
ط ظ ع غ ف ق

4

영어가
세상을 정복하지
않도록 하려면?

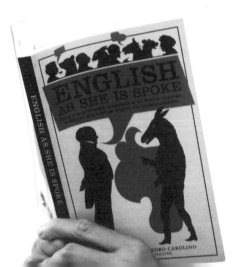

지금까지 우리는 전세계적으로 소수언어가 몇몇 주요 언어의 확산으로 인해 죽어 가고 있는 현상, 주요 언어의 대표격인 영어가 세를 넓혀 온 역사, 한국의 영어 열풍 현상과 영어 수용의 역사를 살펴봤습니다. 이번 장에서는 앞에서 논의했던 세 가지 주제를 아우르면서 큰 그림을 그려 보려고 합니다. 소수언어의 죽음, 영어의 확산, 한국의 영어 열풍을 꿰뚫는 큰 그림이란 무엇일까요? 그것은 바로 '세계화' 입니다. 물론 세계화가 위의 세 가지 문제를 모두 유발시킨 유일한 원인은 아닙니 다. 하지만 오늘날 그 강도를 더해 가고 있는 세계화 과정과 언어의 움직임을 지 켜보면, 거기에는 분명한 연관성이 있습니다. 소수언어의 죽음은 인류 역사의 시 작부터 있어 왔지만 세계화 과정을 통해 그 속도가 빨라지고 있습니다. 영어의 확 산 역시 영국의 식민지 개척 시절부터 시작되었지만 세계화가 영어를 세계어로 만 들면서 영어의 중요성을 전세계인들에게 인식시키고 있습니다. 한국에서의 영어 열풍도 세계화와 뗄 수 없는 관계를 가지고 있음을 이미 살펴보았습니다. 세계화 라는 커다란 변화의 물결 속에 앞에서 살펴봤던 세 가지 문제를 다시 배치했을 때, 우리는 한국에서의 영어 열풍을 좀 더 큰 그림 속에서 이해할 수 있을 것입니 다. 그리고 나아가 소수언어의 죽음과 영어의 부흥이 우리와 동떨어진 문제가 아 님을 역시 알게 될 것입니다.

세계화는 모두에게 좋은가?

한국의 방송이나 신문을 눈여겨보노라면 어김없이 접할 수 있는 단어 두 개가 있습니다. 바로 '글로벌'과 '세계화'라는 단어입니다. 시사 프로그램에서는 말할 필요도 없고, 연예인들끼리 나와서 수다를 떨고 게임을 하는 연예오락 프로그램에서도, 정치인들의 연설이나 경영자들의 강연에서도, 상품 광고와 대학 홈페이지에서도 이 단어들은 빈번히 사용됩니다. 가만히 보면 현재 한국에서는 '글로벌'이나 '세계화'가 들어가지 않으면 유세를 할 수 없는 상황이 아닌가 싶기도 합니다. '글로벌'이나 '세계화'나 사실은 같은 맥락에서 사용됩니다. '세계화'는 영어 'globalization'의 번역어이고, '글로벌'은 'globalization'과 같은 맥락에서 흔히 '글로벌 시대'나 '글로벌 스탠더드(global standard: 국제적 기준)'라고 말할 때 주로 쓰이기 때문입니다.

'글로벌'이나 '세계화'라는 말이 이렇게 어디서든 통용되면서 빈번하게 사용되는 이유는 아마도 절대 다수의 사람들이 그 말에 호감까지는 아니더라도 별다른 거부감을 갖지 않기 때문일 것입니다. 실제로 사람들은 지금 우리가 '글로벌 시대' 혹은 '세계화 시대'에 살고 있다고 믿고 있으니까요. '세계화'라는 말이 처음 사람들의 입에 오르내리기 시작한 1990

년대 초반 이후, 매일 신문에서, 방송에서, 인터넷에서, 정치인들의 연설과 상품 광고에서 귀에 못이 박히게 들었으니 그렇게 믿는 것도 무리는 아닙니다. 우리가 사는 시대가 '세계화 시대'는 맞는데 도대체 '어떤' 세계화 시대인지에 대해서는 생각해 볼 시간이 많지 않았지만 말이지요.

먼저 우리는 '과연 세계화는 좋은가?' 하는 근본적인 질문을 던져 봐야 할 것 같습니다. 세계화가 우리를 더 부강하게, 더 잘살게, 선진국으로 만들어 줄 것이라는 말은 너무나 많이 들어 왔고 지금도 반복되고 있습니다. 이에 대해 또다시 장황하게 설명하는 일은 쓸데없을 것 같아서, 한-미 FTA 추진 과정에서 정부 측이 내보냈던 광고 문구 한 토막으로 대신해 볼까 합니다.

당신의 솜씨, 4,900만의 식탁에만 오르기엔 너무 맛있습니다. 당신의 기술, 10만 킬로미터의 도로만 달리기엔 너무 아깝습니다. 당신의 디자인, 90개의 백화점에만 걸리기엔 너무 멋집니다. 당신의 아이디어, 당신의 능력, 당신의 열정, 이제 더 큰 무대에서 펼쳐야 합니다. 대한민국의 경제 영토를 넓힐 기회—세계와의 자유무역협정입니다! (자유무역협정 국내대책위원회)

이 광고 문구에서 한국과 미국 간의 관세장벽을 없애고 거의 모든 산업의 완전한 자유무역을 추진하는 한-미 FTA는 우리의 "솜씨… 기술… 디자인… 아이디어… 능력… 열정"이 "더 큰 무대"로 나가서 결국은 "대한민국의 경제 영토를 넓"히는 "기회"로 표현되어 있습니다. 세계화를 적극적으로 추진하는 정부와 자본가들이 가장 즐겨 쓰는 수사법이 바로 이것입니다. 이 광고 문구는 세계화 예찬론으로 유명한 「뉴욕타임스」의 칼럼니스트 토머스 프리드먼 Thomas Friedman 이 주장하듯 '세계는 평평하다'라는 말과 같은 맥락에 있습니다 이제 전세계는 하나이 법치 아래에서 경쟁하게 되었기 때문에 세계는 둥근 것이 아니라 큰 운동장처럼 평평하다는 것입니다.

그런데 이러한 주장은 사실일까요? 세계화가 우리의 기술과 아이디어와 능력과 열정을 평평한 땅에서 펼쳐 경쟁하는 것이라면, 거기에는 언제나 장밋빛 미래만 있을까요? 세계 모든 사람들이 같은 법칙 아래에서 경쟁한다면 분명히 거기에는 승자와 패자가 있지 않을까요? 우리가 알다시피 세계의 나라들은 각기 다른 경제력을 가지고 있습니다. 그런 나라들이 '평평한 땅'에서 평등하게 경쟁하는 것이 과연 가능할까요? 권투에 비유해 보지요. 미국 같은 헤비급 복서와 한국 같은 라이트급 복서가 같은 법칙 아래서 경기를 한다면 그것은 과연 정당한 경기일까요? 우리가 미국에게는 지더라도 다른 많은 나라들을 이길 수 있는 경제력을 가지고 있어서 결과적으로는 승률이 높다고 해도, 과연 그것이 전세계적으로 정당한 게임일까요? 혹시 세계화란 그렇게 힘이 센 나라들이 자신들에게 유리한 게임의 법칙을 '세계 질서'라는 이름으로 다른 나라들에게 강제하는 무지막지한 사생결단의 무대가 아닐까요?

그렇습니다. 세계화란 일부에게는 자유로운 경쟁의 무대일지 몰라도 전세계의 많은 이들에게는 매우 버거운 과정입니다. 가장 큰 이유는 세계화 질서가 말하는 '자유무역'에서 '자유'는 언제나 자본가들에게만 통용되는 자유이기 때문입니다. 기업을 하는 사람들은 이제 세계 어디에든 공장을 세우고, 사무실을 만들고, 물건을 팔 수 있습니다. 하지만 반대로

146

노동자들이 세계 어디든 가서 일할 자유는 많지 않습니다. 물론 지식과 정보, 기술이 있는 이들은 어디에서든 환영받을 수 있겠지요. 그러나 일반 육체 노동자들은 원한다고 해서 쉽게 일터를 옮길 수 없습니다. 사람들의 왕래에는 엄연히 국가 간의 통제가 있으니까요. 또 세계화 시대는 자본가들이 자유롭게 회사 사정에 맞춰 노동자를 해고하거나 고용할 수 있도록 허용합니다. 따라서 조금만 사정이 안 좋아져도 회사는 노동자들을 쉽게 해고해 버립니다. 무한경쟁 시대가 되어 월급을 조금만 줘도 되는 곳으로 자본이 옮겨 가다 보니 아무리 한국 기업이라고 해도 무늬만 한국 기업이지 생산은 다른 나라에서 하는 기업들이 많습니다. 그로 인해 한국의 많은 노동자들이 일하고 싶어도 일할 자리를 찾지 못하기도 합니다. 그래서 언제나 노동자의 공급이 기업의 수요보다 많은 상태라 노동자들은 때로 억울한 일이 생기거나 임금이 턱없이 낮아도 참고 일할 수밖에 없습니다. 요컨대 세계화 시대를 특징짓는 '자유경쟁'이라는 말 속에 담긴 '자유'는 자본가와 부자들에게는 매우 좋지만 노동자와 가난한 사람들에게는 별다른 의미가 없는 말입니다.

이런 과정이 지속되다 보면 잘사는 사람은 계속 잘살고 못사는 사람은 계속 못살게 됩니다. 이른바 부익부 빈익빈 현상입니다. 부익부 빈익빈 현상이 계속되면 부자와 가난한 사람들 사이의 소득 차이가 심각하게 벌어지는 부의 양극화 현상이 나타나게 됩니다. 실제로 세계화 과정에서 부익부 빈익빈, 부의 양극화 현상은 눈에 띄게 나타나고 있습니다. 가령, 가장 부유한 1퍼센트의 미국인이 소비하는 돈은 세계에서 가장 가난한 6,000만 명이 쓰는 돈과 같다고 합니다. 한국도 마찬가지입니다. 통계청이 발표한 「2006년 4/4분기 및 연간 가계수지 동향」 자료에 따르면 2005

년도 소득이 높은 5분위(소득에 따라 가구를 5분위로 나눴을 때 가장 상위 계층) 가구의 월 평균 소득은 634만 원으로 소득이 가장 낮은 1분위 가구의 83만 원보다 7.64배 많았습니다. 이는 2003년 이후 최대치라고 합니다. 이러한 현상은 미국이나 한국뿐 아니라 전세계적으로 벌어지고 있는 현상입니다. '빈곤의 세계화'라는 말이 나오는 이유는 이 때문입니다.

'빈곤의 세계화'를 단적으로 보여 주는 것이 바로 '슬럼slum'이라 불리는 빈민가의 확산입니다. 슬럼에 사는 사람들은 가난을 대물림하면서 사회의 가장 음지로 몰려 극히 좁은 공간과 비위생적인 환경 속에서 하루하루를 버티고 있습니다. 유엔 보고서에 따르면, 2001년 슬럼 거주자들은 전세계적으로 9억 2,100만 명이었고, 2005년에는 10억 명이 넘었습니다. 2003년 유엔 통계에 따르면, 도시 인구 중 슬럼 거주자 비율을 따졌을 때 가장 높은 비율을 보인 나라는 에티오피아(99.4퍼센트), 아프가니스탄(98.5퍼센트), 그리고 네팔(92퍼센트) 순이었습니다. 중국은 도시 인구 중 37.8퍼센트가 슬럼에서 살고, 그 수는 무려 1억 9,300만 명입니다. 한국은 도시 인구 중 37퍼센트가 슬럼에서 살며, 인구 수로는 1,400만 명이라고 합니다. 선진국 중에서는 유일하게 한 나라가 통계 자료 안에 들어가 있는데, 그 나라는 세계화의 선두주자인 미국입니다. 미국의 슬럼 인구는 1,200만 명으로, 전체 도시 인구의 5.8퍼센트 정도입니다(Davis, 2006). '빈곤의 세계화'라고는 하지만 슬럼이 번창한 국가들은 대부분 아시아와 아프리카, 남아메리카의 나라들입니다. 다시 말하면, 세계화 과정이 세계 '전체'를 살기 좋은 지구촌으로 만드는 것이 아니라, 가난한 나라는 더 많은 피해를 보게 하고 부자 나라는 상대적으로 풍족하게 만든다는 물 부족, 부족한 공공 서비스, 쓰레기 집적, 환경 오염, 소음, 사생활 노출, 잦은 병치레, 유아 사망, 전염병, 화재… 이것이 슬럼 주민들의 일상이다. 또한 이러한 슬럼화가 진행되고 있는 것이 지구의 일상이다.

것입니다. 국가 내에서 부의 양극화가 일어나듯 세계 전체에서도 부자 나라와 가난한 나라 사이의 양극화가 생기는 것이지요.

그래서 많은 학자들은 세계화로 인해 세계 전체가 자본주의라는 하나의 질서 속에 들어가고, 각 나라의 부자들과 가난한 이들은 각각 세계 전체 적으로 비슷한 계급이 된다고 분석합니다. 돈이 많은 이들에게는 국경이 별 문제가 되지 않으니까요. 우리가 요즘 목격하는 하나의 예를 들어 보 도록 하지요. 최근 국제중이다 뭐다 해서 초등학생들의 조기유학이 사회 적 이슈가 되고 있습니다. 영어권 나라에 가서 짧게는 몇 달, 길게는 몇 년씩 공부함으로써 영어 실력을 키운 후 돌아오는 것이죠. 이것은 한국 전체의 이슈처럼 보도되곤 하지만 실제로 자신의 초등학생 자녀들을 조 기유학 보낼 수 있는 부모들이 몇이나 될까요? 아이 한 명당 1년에 드는 비용이 최소 2,000만 원 이상이라면, 적어도 1년에 2,000만 원 이상을 자 녀 유학비로 쓰고도 생활이 가능한 사람들이나 할 수 있는 일입니다. 주 위 사람들 말에 따르면 초등학생 자녀를 조기유학이나 어학연수 보내는 사람들은 '그냥' 중산층일 뿐이라고도 합니다. '부자'들의 자녀들은 이미 미국에서 태어났거나 그곳에서 학교를 쭉 다니고 있으니까요. 이러한 일 들은 달동네(슬럼)에서 살거나 벌이가 시원찮은 부모들에게는 결코 일어 날 수 없는 일입니다. 사회적으로 이슈가 되는 일 자체가 사실은 가난한 이들과는 완전히 동떨어진 일인 것입니다.

'글로벌 시대'라는 구호 외에도 정부가 세계화 정책들을 강조하면서 외 치는 게 하나 더 있습니다. '국익'이라는 말입니다. 우리 경제를 세계에 다 열어젖히고, 노동자들에 대한 고용과 해고를 자유롭게 하고, 자본이

창의력을 발휘하고 시장이 알아서 모든 것을 통제하도록 놔두면 결과적으로 우리의 국익이 증대한다고 정부는 말합니다. '국가의 이익'이 늘어나는 것이 무조건 좋은 것처럼 말이지요. 그렇게 해서 국익이 증대되고 경제가 부흥했는지도 의문이지만 더욱 중요한 것은 정부가 외쳐 대는 국익이라는 것이 실제로 모든 국민에게 돌아가느냐입니다. 만약 국익이 국민 모두의 이익이라면 우리가 열심히 일한 만큼 생활도 좀 나아져야 할 것입니다. 하지만 통계지표에 따르면 부유층의 소득은 점점 높아지는 반면 빈곤층의 소득은 점점 낮아지고 있습니다. 뉴스와 신문에서는 서민들이 '살기 힘들다'고 아우성친다는 보도가 연일 이어집니다. 이 말은 무엇입니까? 세계화로 인해 국익이 증대되어도 그 이익이 가난한 이들에게는 돌아오지 않는다는 것입니다. 즉, '세계화'나 '국익' 같은, 마치 우리 모두를 아우르는 것처럼 보이는 말들이 많은 경우 허구이고 환상일 수 있다는 것이지요.

다시, 세계화가 정말로 우리 모두의 아이디어, 열정, 능력을 세계 전체에 펼 수 있는 기회일까요? 소수의 사람들에게는 그럴 수도 있습니다. 하지만 별다른 교육을 받지 못하고, 가난을 대물림하고, 그나마 일할 기회도 없는 사람들에게도 마찬가지일까요? 그나마 낮은 복지 예산마저도 깎아 가면서 정부와 기업이 외치는 세계화와 무한경쟁은 가난한 사람들에게 도대체 어떤 의미일까요? 세계화는 혹시 돈과 실력 있는 사람들만을 위한 기회가 아닐까요?

'글로벌 스탠더드':
세계화, 미국화, 그리고 영어

'세계화'가 어느 순간 영어 번역어인 '글로벌 시대'로 변한 것처럼, 세계화와 영어 역시 항상 함께 가는 듯 보입니다. 세계화가 강조되는 시기와 영어가 강조되는 시기는 항상 비슷하지요. 한국의 경우, 김영삼 대통령이 처음 '세계화'를 강조한 때가 1994년이었고, 초등학교에 영어가 필수과목으로 지정된 것이 1997년이었습니다. IMF 구제금융 사태가 터짐으로써 한국의 경제가 '글로벌 스탠더드'로 반강제적인 변화를 겪게 되었을 때가 1997년이었고, 소설가 복거일 씨가 영어를 한국의 공용어로 쓰자는 영어공용론을 주장한 때가 얼마 후인 1998년이었습니다. 경제를 더욱 '글로벌'화하여 한국이 세계로 뻗어 나가도록 하겠다고 공약한 대통령이 취임한 것이 2008년이었고, 그 대통령의 대통령직인수위원회가 주장했던 주요 정책이 영어몰입교육이었습니다. 그리고 얼마 후 세계화의 일환인 한-미 FTA 체결의 조건이었던 미국산 소고기 수입이 시작되었고, 이에 반대하는 촛불시위가 전국을 달군 지 얼마 되지 않아 서울시 신임 교육감은 영어몰입교육을 기본으로 하는 국제중학교 두 곳을 서울에 세운다고 발표했습니다. 이에 따라 학원가는 국제중 대비 영어준비반 체제로 재편되어 초등학생들이 밤 10시까지 학원에서 영어를 공부하는 일이 벌어지고 있습니다.

세계화와 영어는 왜 비슷한 시기에 함께 강조될까요? 영어가 세계화 시대의 언어이기 때문이라고 합니다. 잠깐, 그 전에 '세계화 시대의 언어'란 뭘까요? 세계화 시대에 주요하게 사용되는 언어겠지요. 세계화 시대는 국가 간의 경계가 허물어지고 모든 나라들이 하나의 법칙 아래 서로 경쟁하는 시대입니다. 그렇다면 '세계화 시대의 언어'란 바로 하나의 법칙 아래서 경쟁하는 세계 국가들을 이어 주는 언어, 즉 세계어일 것입니다. 영어는 바로 그런 세계어인 셈이지요. 세계 여러 나라 사람들이 서로 소통할 수 없다면 세계화라는 말이 무색할 것이고, 따라서 공용어가 있어야 하는데, 그것이 곧 영어라는 것입니다.

세계화 시대의 질서가 시장과 자본의 자유를 극단적으로 옹호하는 신자유주의라면, 그런 신자유주의적 세계화를 받쳐 주는 의사소통 수단이 영어입니다. 그런데 왜 하필 영어일까요? 지구상에서 영어보다 많은 사용자를 가진 중국어나 스페인어는 왜 세계어 기능을 하지 못할까요? 그 이유는 영어가 바로 미국의 언어이기 때문입니다. 미국은 영국과 함께 신자유주의적 세계화 질서를 만들어 내고 이를 전세계의 표준으로 만든 나라입니다. 미국은 제2차 세계대전 이후 소련과 함께 냉전 체제 속에서 경쟁을 펴가다, 1989년 소련이 망하고 난 후 세계의 질서를 좌지우지하게 된 패권국가입니다.

자국의 경제 질서가 전세계적 표준이 된다면 어떻겠습니까? 더할 나위 없이 좋겠죠. 세계 어디를 가나 자신의 방식대로 거래를 하고 무역을 할 수 있으니까요. 미국이 초강대국으로서 신자유주의적 경제 질서를 전세계의 표준으로 삼으면서 만들어 낸 말이 '세계화'입니다. 다시 말해 세계화는 곧 미국화인 것이죠. 이를 위해 미국은 국제통화기금, 세계은행, 세계무역기구, 나아가 유엔까지 쥐락펴락하면서 국제 질서에서 주요한 의사결정자 역할을 하게 됩니다. 이렇게 국제 질서가 미국을 중심으로 돌아가고, 미국의 경제 질서가 세계화라는 이름으로 전세계의 표준이 되어야만 미국은 자신의 패권을 오래 유지할 수 있으니까요. 미국의 달러화는 전세계의 표준 통화가 되고, 미국의 군대는 할리우드 영화에서 그려지듯 '지구방위군'이 되고, 미국의 학교는 전세계의 두뇌들이 공부하는 곳이 되고, 미국 기업의 도산이 전세계의 경제를 휘청거리게도 합니다. 다시 말해 미국은 자국의 질서를 전세계의 표준으로, 즉 최근 한국의 정치인들과 기업가들이 즐겨 쓰는 소위 '글로벌 스탠더드'로 만들어 내고, 그것을 부드럽게 강요합니다. 영어는 바로 이 미국식 질서, 글로벌 스탠더드를 굴러가게 하는 언어인 셈입니다.

어디서 많이 본 것 같지 않습니까? 맞습니다. 세계 국가들이 미국의 질서를 세계의 질서로 받아들이고 적응해 가는 모습은 2장에서 언급했던 제국주의적 질서와 거의 비슷합니다. 다른 나라를 힘으로, 정략으로 정복한 제국주의 국가는 자신이 정복한 나라에 본국의 정치·경제·사회·문화 제도를 이식합니다. 본국과 식민지 사이의 체제가 같아야 식민지 착취가 수월하기 때문입니다. 20세기에 일본이 조선에서 했던 일, 영국이 인도에서 했던 일, 미국이 필리핀에서 했던 일은 모두 제국주의적 질서를 식민지에 부여했다는 측면에서 동일합니다. 세계화 역시 그 실체는 제국주의적 질서와 비슷합니다. 미국과 유럽의 선진국들이 받아들인 신자유주의 체제와 그들의 문화·정치 제도, 그들의 가치관과 세계관이 경제력이 약한 아시아와 아프리카, 남아메리카의 나라들에 강제되고 있기 때문입니다. 이들 선진국들은 매우 부드럽고 세련되게 자신들의 질서를 이식하려 하지만, 그것이 여의치 않을 경우에는 무력도 불사합니다. 미국이 소위 '악의 축'으로 지정했던 세 나라, 이라크, 이란, 북한은 모두 이슬람 근본주의나 주체사상 등을 내세우며 미국식 세계화 질서를 거부했던 나라이지 않습니까? 미국은 나중에 허위로 밝혀진 여러 이유를 들어 이라크를 쑥대밭으로 만들었고, 이란이나 북한에는 여전히 봉쇄정책을 쓰면서 압박합니다. 남아메리카의 베네수엘라나 쿠바 등 여러 사회주의 국가들에 대해서도 미국은 압박과 회유를 병행합니다. 제국주의 시절, 식민지의 독립운동 세력들을 무자비하게 진압한 것과 유사한 방법이지요.

제국주의 정책들 중 가장 중요한 것은 언어였습니다. 본국의 언어를 식민지 엘리트층에게 교육시키고 그들을 지배의 도구로 삼는 정책이지요. 세계화 시대, 영어가 세계어로서 모두가 배워야 하는 언어로 둔갑한 것 역시 같은 맥락에 있습니다. 미국과 영국이 제국주의 시대 이래 영어를 전파하면서 했던 일이 세계화 시대에도 똑같이 벌어지고 있는 것입니다. 미국과 영국은 제국주의 시절 영어 교육을 통해 식민지 엘리트층을 길러냈고, 제2차 세계대전 이후 냉전 시기에는 영어교사 양성 프로그램을 만들고 문화원을 설립한 후, 거기에서 길러 낸 영어교사들을 세계 각국에 설치된 문화원에 파견하여 영어를 퍼뜨렸습니다. 그것은 겉으로는 문화 교육 프로그램처럼 보이지만 사실은 자국의 이익을 증진하기 위한 수단이었습니다. 특히 전쟁과 식민지에서 갓 벗어난 한국 같은 제3세계 국가들에게 미국과 영국의 교육 원조는 물자 원조와 더불어 다시 나라를 추스르는 데 큰 영향을 끼쳤습니다. 제3세계 국가에서 공부 좀 한다는 젊은이들은 미국이나 영국의 교육 원조 프로그램을 통해 단기 유학을 떠날 수 있었고, '멋진 신세계'에서 공부하고 문물을 배워서 귀국한 후에는 자기 나라를 미국이나 영국식으로 바꾸는 데 공헌했지요. 미국식으로, 혹은 영국식으로 자본주의적, 민주주의적 질서를 세우는 일은 곧 '근대화'라는 중립적인 이름으로 불렸습니다. 그리고 이 과정에서 미국과 영국을 잘 아는, 영어를 잘하는 엘리트들이 새롭게 세워진 국가의 지도층이 됩니다. '언어 제국주의'라는 말은 이런 과정을 일컫는 개념입니다.

세계화 시대에도 이런 언어 제국주의는 유사하게 작동합니다. 미국식 세계화 질서는 강고하게 자리 잡았고, 미국의 대학이 세계 최고의 대학이 되었습니다. 영어 잘해서 '미국 물'을 먹게 되면 귀국하여 행세하는 데 큰 도움이 되니, 젊은이들은 '미국으로, 미국으로' 떠나게 됩니다. 미국과 영국 출신의 '네이티브 스피커native speaker'들은 어디에서든 영어를 가르치면서 돈을 벌 수 있게 되었으며, 영어 공인시험을 주관하는 기관으로는 세계에서 가장 큰 영국의 케임브리지 대학과 미국의 사설기관 ETSEducational Testing Service: 교육시험서비스 사社는 막대한 이익을 거둬들이고 있습니다.

세계화 시대의 언어 제국주의는 제국주의 시절처럼 노골적이지 않을지 모릅니다. 하지만 교육산업과 대학 등 지식 기관을 미국과 영국이 거의 독점하여 세계의 두뇌들을 교육한 후 제 나라로 돌려보내는 제국주의와 냉전 시절의 현상은 그대로 반복되고 있습니다.

우리는 익숙한 사실들을 통해 세계화 시대의 언어 제국주의가 한국에서 어떻게 작동되는지 대강 그림을 그려 볼 수 있습니다. 유치원에 다니는 아이들은 한국말이 익숙해지기도 전에 영어를 배우고, 초·중·고등학생은 아예 영어권 국가로 조기유학을 떠나 그곳에서 대학에 다닙니다. 정체성이 형성되는 시기에 영어를 공부하고 미국식 문화를 익히면서, 몸은 한국인인데 정신은 미국인인 사람들이 만들어집니다. 미처 조기유학을 가지 못한 아이들은 '글로벌 리더'가 되기 위해 국제중에 입학하려고 초등학교 시절부터 입시공부를 하고, 국제중을 졸업하면 외고나 특목고, 자립형 사립고로 가서 최종적으로는 미국의 명문대학에 진학하는 것을 목표로 합니다. 이들은 영어를 잘하고 미국에서 공부했다는 이유로 한국 사회에서 '출세'할 가능성이 높습니다. 이미 거의 모든 제도가 미국식인 이 나라에서 미국을 동경하고 공부하면서 자라난 아이들이 성인이 된다면, 아마 한국은 지금보다 더 미국 친화적인 나라로 변하게 될 것입니다. 세계화 과정의 과실을 따먹으며 성공한 사람들이 권력을 잡게 될 테니 자연스럽게 세계화 질서를 더욱 완전히 받아들이려 노력할 것이고요. 그때가 되면 지금은 비판을 많이 받고 공론의 장에서 벗어나 있는 영어공용론도 힘을 얻게 될지 모릅니다. 즉 미국은 영어를 퍼뜨려서 미국 문화와 가치관을 확산시킨 결과, 미국식 제도와 문화를 최선이라고 생각하는 사람들이 다스리는 나라를 가지게 되는 것이지요. 물론 그 나라의 밑바닥에서는 가난해서 영어를 배울 기회가 없는 사람들, 대학을 나오지 못했거나 미국에 한 번도 가본 적 없는 사람들이 가장 단순하고 위험한 일들을 하면서 하루하루 힘겹게 살아갈 것입니다.

세계화가 미국화인 것이 나쁜 것이냐, 영어를 잘해서 성공하는 것이 나쁜 일이냐, 우리나라가 미국처럼 되면 좋은 것 아니냐는 비판을 제기할 수도 있습니다. 분명히 말하고 싶은 점은 미국은 무조건 나쁘다거니, 영어는 우리의 정신을 식민지화한다거나, 세계화는 무조건 해악이라는 식의 흑백논리는 경계해야 한다는 것입니다. 그런 흑백논리는 미국과 한국은 우방이므로 우리는 미국의 정책을 무조건 따르는 게 옳다거나, 세계화는 대세이므로 한국이 살기 위해서는 일단 따라야 하고, 영어는 세계어이므로 잘하고 봐야 한다는 식의 주장과 똑같이 위험합니다. 이런 흑백논리에서 벗어나서 미국, 세계화, 영어의 상관관계를 따져 보고, 그것이 어떤 식으로 전세계적인 불평등을 낳는지, 어떻게 미국 중심 체제로의 재편을 가져오는지에 대해 성찰해 보는 일이 중요한 것은 이 때문입니다.

세계화는 획일화일까, 다양화일까?

세계화의 핵심은 신자유주의적 자본주의라는 하나의 경제 질서 속에 전 세계가 서로 교류하고, 그럼으로써 결국 하나의 '지구촌'이 되는 현상이라고 할 수 있습니다. 하나의 동일한 경제 질서 속에서 세계가 재편된다면 세상의 모습은 더욱 다양해질까요, 아니면 '지구촌'이라는 말이 표현해 주듯 점점 비슷해질까요? 경제적으로는 확실히 비슷해지고 있는 것 것 같은데, 문화적 측면에서는 어떨까요?

문화가 점점 세계적 연결망 속에서 작용하고 있다는 점은 확실해 보입니다. 텔레비전을 틀면 〈덱스터Dexter〉나 〈히어로스Heroes〉 같은 미국 드라마를 실시간으로 볼 수 있고, 〈배트맨Batman〉이나 〈인디아나 존스Indiana Jones〉 시리즈 같은 미국 영화들 역시 전세계적으로 거의 동시에 개봉합니다. 우리는 브리트니 스피어스의 노래를 들으면서 스트레스를 풀고, 스타벅스 커피를 마시고, 맥도널드 햄버거를 먹으며 허기를 달래고, 아이팟으로 음악을 듣고, 윈도우즈 새 버전이 나오면 업데이트를 합니다.

물론 세계화의 문화적 측면을 긍정적 현상으로 보는 학자들도 많이 있습니다. 예를 들어 피터 버거Peter Berger와 새뮤얼 헌팅턴Samuel Huntington 등은 대표적으로 세계화 현상을 예찬하고 있습니다. 중국, 대만, 일본, 인도, 독일, 헝가리, 칠레, 터키, 남아공 등의 연구자들이 해당 나라들의 문화적 세계화 현상을 민속지학 방식으로 분석한 베스트셀러인 『진화하는 세계화』라는 책에서, 이들은 세계화가 미국화도, 문화적 제국주의화도 아니며, 오히려 역동적인 상호과정으로, 서구와 비서구가 서로 영향을 주고받는 과정이라고 주장합니다. 연구자들은 세계화 양상을 점검하는 피터 버거의 네 가지 틀, 즉 '다보스 문화'(경제 엘리트), '교수 클럽 문화'(지식인), '맥월드'(대중문화), '복음주의'(기독교)를 바탕으로 연구를 했습니다. 그 결과 이 네가지 요소들이 각 나라마다 양적인 차이는 있지만 세계화를 진전시키는 데 공히 적극적인 요인으로 기능하고 있다고 보았지요. 이러한 진전의 결과는 주로 '다양성', '이질화', '다극성', '문화적 공존', '화합', '융합' 등의 긍정적 명사들로 설명됩니다.

하지만 세계화를 '다양성'으로만 본다거나 '복합성', '상상력'으로만 봄으로써 이들이 결정적으로 놓치는 것이 있습니다. 현실에서의 세계화가 자본의 운동, 즉 신자유주의라는 경제적 질서와 연관되어 있다는 점입니다. 이러한 학자들의 세계화 분석에서 공통적으로 나타나는 '다양성 혹은 이질성의 결합'이라는 긍정적 개념이 현실을 제대로 파악하지 못하는 개념이라는 점은 몇 가지 사례 분석만을 통해서도 드러납니다.

제가 어린 시절을 보낸 광주 집 근처에는 서방시장이라는 재래시장이 있었습니다. 어렸을 적 엄마 손을 잡고 서방시장에 가서 반찬거리도 사고, 신발도 사고, 구경도 하던 기억이 아직 생생합니다. 그러다가 1997년경에 이마트라는 현대식 대형마트가 서방시장 바로 옆에 세워졌습니다. 사계절 에어컨이 작동하고, 에스컬레이터가 있고, 물건이 종류별로 진열되어 있고 물건마다 가격표가 붙어 있는 미국식 시장이었지요. 이마트 입구와 연결되는 곳에는 맥도널드 햄버거 가게가 있어서 엄마들은 아이들을 그곳에 설치된 놀이방에 잠시 맡기고 장을 볼 수 있었습니다. 몇 년 후, 제가 다시 서방시장을 찾았을 때 시장의 상권은 완전히 시들어 있었습니다. 사람들은 냄새나고 복잡한 재래시장에 가는 대신 깔끔해 보이고 정리정돈이 잘된 이마트로 몰려 갔으니까요.

자, 까르푸, 월마트, 이마트 같은 미국식 대형마트들이 지역 유통망을 장악하면서 도대체 어떤 다양성과 화합이 일어났습니까? 다양성이라고 한다면 찬란하게 진열된 상품의 종류와 양이 확실히 늘어났다는 점일 것입니다. 상품의 다양성은 분명 소비자의 선택 범위를 늘렸지만, 한편으로는 월마트나 이마트에서 상품을 고름으로써 우리는 그곳에 진열되지 못한 다른 물건들을 놓치고 있기도 합니다. 시장에 나와 밭에서 직접 재배한 채소를 파는 할머니에게서 살 수 있었던 것을, 이마트에서는 살 수 없지요. 이마트에 나와 있는 채소는 지구 반대쪽 어딘가에서 무척 값싸게 들어온 것일 확률이 높습니다. 랩으로 깔끔히 포장된 그것이 과연 진짜 깔끔한 것인지도 알 수 없습니다. 할머니와 흥정하면서 값이 깎인다거나, 혹은 덤을 얻는 식의 상거래는 이마트에서 찾아볼 수 없습니다. 다만 야채의 양에 따라 정확히 측정된 가격으로 가져갈 수만 있을 뿐입니다. 대형 할인마트라는 초국적 유통 자본이 유통 과정을 장악함으로 인해 인간과의 직접 대면이라는 재래시장의 상거래 문화와 거기서 파생되는 다양한 소통들이 합리적, 계산적, 기계와의 대면이라는 문화로 변해 갔습니다. 만약 대형 할인마트가 우리 유통을 모두 장악한다면, 그때부터 소비자에게는 마트가 선택한 물건을 마트가 책정한 가격으로 살 '자유'가 있을 뿐입니다. 요컨대, 세계화의 결과로 드러나는 표면적인 다양함은 그 아래 또 다른 차원의 다양함을 죽인 결과 나타난 다양함이고, 이러한 독점 상황에서는 언제든 획일화로 변할 수 있는 다양함인 것입니다.

'다양하고 복합적이고 중층적인' 세계화 과정에서 상거래 문화뿐 아니라, 세계의 풍경들까지 획일화되어 가는 것은 어떻게 설명할 수 있을까요?

이 여행자들(초국적 경제 엘리트들)이 지구를 돌아다니면서 접하는 세계는 그들이 사는 곳과 대단히 비슷하다. 온천과 운동시설, 이메일과 팩스 같은 기업 경영자의 업무를 위한 서비스, 위성TV, 훌륭한 식당, 서구식 침실 등 모든 편의시설과 서비스가 그들의 고향과 거의 똑같다(버거, 헌팅턴, 2006).

각 나라마다 특색이 분명히 있지만 경제 엘리트들의 행동반경 내에서 세상은 거의 동일한 모습으로 변해 있습니다. 서울과 뉴욕, 홍콩과 런던의 비즈니스, 쇼핑 구역들은 정말로 비슷비슷합니다. 세계 곳곳을 여행했던 한 친구가 제게 "뉴욕 JFK 공항에 내려서 시내로 들어가니 마치 서울에 온 것처럼 금방 적응되더라"라고 한 말 역시 이런 맥락에 닿을 수 있을 듯합니다. 그렇다면 '세상의 다양함'이란 도대체 무엇일까요? 세계화가 진전되지 않은 곳들이 아직 남아 있기 때문에 생기는 다양함일까요? 그렇다면 그것은 세계화가 진행됨에 따라 사라지는 다양함이 아닐까요? 세계화로 인한 각국의 도시 풍경은 이제 미국 도시 풍경으로 획일화되고 있는 것이 아닐까요?
'다양함의 허상'은 교육 영역에서도 발견됩니다. 한-미 FTA와 같은 세계화 과정에서 앞으로 교육시장이 개방되면 미국의 학교들이 한국에 진

사진 속 풍경을 보고 어느 도시인지 알아 내기는 쉽지 않다. 세계화로 인해 세계의 대도시들은 각자의 특색을 잃고 말았다. 이렇게 '다양함의 허상'은 우리 삶을 획일화하고 있다.

출할 것이라는 전망이 있습니다. 그것은 다양함일까요, 아니면 획일화일까요? 미국의 학교에서 우리는 누구에게 국사나 국어, 혹은 전통음악이나 한국화를 배울 수 있을까요? 최근 서울에 있는 몇몇 대학에서는 독문과, 히브리학과 같이 시장에서 잘 찾지 않는 학과들을 폐지하기로 결정을 내려서 해당 학과의 학생들이 반발하고 있습니다. 영문과나 중문과 같이 장래가 촉망되는 학과들은 정원을 늘리는 데 반해서 특수하고 작은 학과들은 없애는 겁니다. 세계화의 경제논리로 보면 이것은 합리적인 결정일지 모릅니다. 한국에서 수요도 거의 없고, 졸업해 봐야 취직하기도 힘들고, 세계적 경쟁력도 없는데 그 학과를 유지시키면서 예산을 배정하느니, 폐지시키고 남는 예산으로 '장사 잘되는' 경영학과나 영문과나 로스쿨을 지원하는 게 훨씬 수지가 맞습니다. 경쟁과 승리를 강조하는 세계화 질서를 비판 없이 받아들일 경우 이런 현상은 일어날 수밖에 없고, 앞으로 계속 강화될 것입니다. 뭔가 많이 다양해지고 세계화된 것 같지만 한국에서 독문학이나 히브리학을 공부할 방법은 조금씩 줄어들고 있는 것이지요. 2008년 여름, 한국 사회를 달궜던 미국산 소고기 반대 시위는 광우병 위험이라는 이유를 떠나서, 미국산 소고기의 수입으로 인해 미국의 대규모 농장과 경쟁할 수밖에 없는 왜소한 국내의 목장들을 정부가 전혀 고려하지 않았다는 데 대한 반대이기도 했습니다. 이렇게 세계화는 우리에게 세계 곳곳의 다양성을 가져다 줄 것 같이 선전되지만, 현실에서는 경쟁과 승리만이 강조되기 때문에 경쟁력 없는 부분들이 무조건 정리되어 사라져서 결국 우리 삶은 더욱 획일적이 될 가능성이 높습니다.

이마트가 생기면서 서방시장이 없어지고, 영문과와 경영학과가 확장되면서 독문과와 히브리학과가 폐지되는 것처럼, 언어와 관련해서도 세계화, 즉 경쟁과 승리, 효율과 합리성이라는 질서가 수많은 소수언어들을 집어삼키고 있습니다. 농업혁명과 산업혁명, 그리고 제국주의로 인해 주요 언어 몇 개가 세계를 지배하면서 지구상의 많은 언어들이 사라져 갔고, 세계화로 인해 그 속도는 더욱 빨라지고 있습니다. 5,000~7,000개가량의 언어들 중 세계 인구의 90퍼센트가 100여 개의 주요 언어를 쓰고 나머지 10퍼센트가 6,000개 가량의 언어를 사용하고 있습니다. 이 소수언어들은 언제 사라질지 모를 운명에 처해 있는 것이죠. 언어학자들은 100년 후에는 현재 존재하는 언어 중 절반 이상이 없어지거나 그저 흔적만 남을 것이라고 예상합니다. 자원 개발과 동화정책 등으로 인해 소수부족들이 흡수되거나 흩어지거나 죽어 가면 언어 역시 사라지게 됩니다. 힘을 가진 자들이 소수부족들로 하여금 언어와 문화를 유지하도록 놔두지 않는 이유는 그들의 '야만적'이고 '원초적'인 생활 방식이 현대화된 도시와 국가, 그리고 세계화된 경제 상황에서 전혀 쓸모가 없다고 보기 때문입니다. 그래서 많은 나라에서 소수부족이 살던 터전을 갈아엎고 그 자리에 현대화된 공장을 세우거나, 이들에게 현대화된 교육을 받도록 강제함으로써 존재를 지워 버리고 있는 것이지요. 소수언어는 이런 식으로 지구상에서 급격하게 사라져 갑니다.

효율성의 측면에서 보면 세계에 6,000개의 언어가 있는 것보다 단 한 개의 언어가 있는 게 훨씬 낫겠지요? 세계화 시대를 무조건 긍정하고 전세계를 하나의 세계화 질서 속에 묶으려고 하는 이들은 진정 그렇게 생각하는 것 같습니다. 이런 세계화 시대 찬미자들이 단 한 개의 언어, 유일한 세계어로 전파하고 선전하는 언어가 영어입니다. 학자들은 세계화 질서의 큰 축인 국제통화기금과 세계은행 등이 제3세계 국가에 영어를 전파하는 데 큰 노력을 쏟고 있다고 고발합니다. 또 세계화 시대의 국제경쟁에서 승리해야 한다고 믿는 많은 나라들이 자국에서의 영어 사용을 적극 권장하면서 소수언어 사용자들을 차별하고 있습니다. 영어를 할 줄 아는 사람들은 비영어권 국가에서 성공하거나 출세하는 데 아주 유리하다는 것은 이미 명백하고요.

한국의 영어 열풍 현상과 영어에 대한 지나친 강조는 이런 세계화 맥락 속에서 그 의미를 제대로 짚어 낼 수 있습니다. 한국을 세계 7대 경제대국으로 만들겠다고 공약했던 이명박 대통령이 대통령직인수위원회를 통해 영어몰입교육을 주장하고 나온 것 사이에는 분명한 논리적 연관이 있는 것입니다. 세계 속의 '글로벌 리더'를 키우겠다는 국제중의 설립, 외고, 조기유학, 그리고 대학에서의 영어 강의, 영어 공인시험에 몰리는 인파 등은 모두 영어를 통해 한국 사회에서 성공이 가능해지고, 나아가 세계화 시대에 성공하는 게 가능해지기에 일어나는 일입니다. 그래서 우리도 독일어와 히브리어 학과를 없애고, 스페인어나 러시아어를 공부하지 않게 되는 것입니다. 이러한 무조건적인 세계화 분위기 속에서 모두가 승리에만 집착하는 문화가 만들어지는 것이고, 영어에 모두가 목숨을 거는 현상이 생기는 것이고, 그 속에서 이제는 한국어까지도 영어로 대체하자는 주장이 출현할 수 있는 것입니다.

다양한 문화가 어우러지는 사회를 위하여

세계화에 따른 영어의 확산 현상을 바라보는 데는 여러 시각이 있을 수 있습니다. 영어를 한국의 공용어로 해야 한다거나, 반대로 모든 외래어를 한국어로 고치고 영어시험도 봐서는 안 된다는 식의 극단적 입장이 있을 수 있겠지요. 세계화 시대에 영어를 잘해서 성공할 수 있다면 영어교육을 훨씬 강화해야 한다거나, 우리는 한국인이므로 한국인의 정체성이 살아 있는 한국어를 주로 하고 영어는 도구로만 활용해야 한다는 입장도 있을 것입니다. 그중 어떠한 입장이 옳은가 혹은 그른가는 이 책을 읽는 독자 여러분께서 심사숙고해서 판단하셔야 할 것 같습니다. 다만 이 장에서 저는 '영어의 확산'을 그 자체로만이 아니라 커다란 세계적 변화 속에서 나타나는 하나의 현상으로 바라볼 수도 있음을 보여드리고 싶었습니다. 세계화라는 최근의 조류와 그것의 한 부분으로 작동하는 영어의 확산을 이야기한 것은 그 때문입니다.

세계화에 대해서도 논란은 많습니다. 그것은 실제 존재하지도 않는다는 주장에서부터 세계화는 이미 15세기부터 있어 왔다는 주장도 있고, 세계화가 올바른 변화라는 시각이 있는가 하면 세계화는 미국화에 불과하다는 입장도 있습니다. 어떤 입장을 가졌든 현재의 세계화가 하나의 커다란 세계 질서를 상정하고 있다는 데에는 모두가 동의하는 것 같습니다. 여기서 세계 질서는 시장과 자본의 자유를 중심에 둠으로써 활력을 불러일으키려는 신자유주의적 자본주의 경제 질서입니다. 이에 따라 국제 무역체제라든가 국제관계가 재편되어 왔고, 이로 인해 전세계가 매우 비슷한 모양을 띠면서 변모해 가고 있습니다.

세계화에 긍정적인 측면도 많이 있지만 중요한 것은 부정적인 측면들을 제대로 살피고 이를 우리 식에 맞게 고쳐 쓰거나 받아들이지 않도록 노력하는 것이겠지요. 먼저 살펴야 할 부정적인 측면 중 하나가 바로 전세계의 점진적 획일화입니다. 세계 경제가 지역블록으로 묶이고, 국제경제기구들을 통해 모든 나라들이 하나의 무역 질서를 받아들이게 되자 각나라와 부족들의 고유한 생활 방식 및 문화가 사라지거나 파괴되고 있습니다. 더욱 큰 문제는 세계화의 주축 세력인 미국식으로 바꾸는 것이 현대화이자, 세계화의 추세에 따르는 것인 양 받아들여진다는 점입니다. 경제, 정치제도, 공간의 개발, 생활 방식과 같은 우리 삶의 많은 측면들에서 미국은 하나의 기준이 되고 있습니다.

이러한 현상은 일면 이해할 만도 합니다. 국제관계가 언제나 힘의 논리에 의해 움직이다 보니 강한 나라를 따르면 손해를 줄이고 이익을 키울수 있으니까요. 하지만 그것 역시 정도의 문제 아닐까요? 자신을 버리면서까지 강한 자를 따르거나 강한 자의 질서를 받아들이는 것은 결국 자기파멸로 가는 지름길일 수 있으니까요. 가령 일제 시대의 친일파들은 당시 일본이 조선 민족의 '미개함'을 극복하게 해주고, 대동아공영권 속에서 조선이 근대화되고 힘을 쓰게 만드는 유일한 수단이라고 봤습니다.

일본의 힘이 조선을 완전히 능가하여 조선이 일본의 식민지가 된 상황에서 그들이 봤던 것은 오직 그 길뿐이었습니다. 그것은 또한 성공과 출세를 보장해 주는 길이기도 했습니다. 그래서 일부 친일파들은 조선어를 없애고 일본어만을 쓰는 일에 앞장섰고, 독립운동을 하던 사람들을 탄압하면서 부와 권력을 얻었습니다. 영원한 승자일 것 같던 일본이 1945년 8월 15일 무조건 항복선언을 했을 때, 친일파들은 어떤 느낌이었을까요? 지금의 패권이 영원하리라는 법은 없습니다. 세상은 언제나 돌고 도니까요. 미국 역시 마찬가지입니다. 지금 미국이 일인자로서 미국식 세계화를 강제하면서 온 지구를 호령하고 있지만, 그 패권은 언제까지 이어질까요? 세대에 세대를 거치면서 영원할까요? 이미 제국으로서의 미국이 저물어 가고 있다는 분석이 미국 안에서부터 나오고 있는데도요?

장담컨대, 미국식 세계화 역시 언젠가는 새로운 질서로 바뀔 때가 올 것입니다. 우리가 너무나도 자연스럽다고 생각하는 자본주의 경제 질서도 영원하리라는 법은 없습니다. 근대적 자본주의 체제가 세상에 탄생한 지는 300년도 채 되지 않았고, 한국이 그것을 받아들인 것도 60년밖에 되지 않았습니다. 언젠가 바뀌지 않으리라는 보장이 없습니다. 이미 지구 곳곳에서는 고삐가 풀린 자본주의의 문제를 지적하는 사람들의 목소리가 큽니다. 영어가 세계어라는 주장을 받아들인다고 해도, 과연 영어가 앞으로 영원히 유일한 세계어로서 인류의 의사소통과 정신세계를 지배할지는 미지수입니다. 영어는 대영제국의 성장과 함께 퍼졌고, 미국의 패권 장악과 함께 세계어의 위치를 차지했다는 점을 기억한다면, 미국패권의 몰락과 함께 영어패권 역시 몰락할 수 있다는 점도 기억해야 합니다. 한때 유럽의 공용어였던 라틴어와 프랑스어는 지금 어떻게 되었습니까? 한때 동유럽을 지배했던 러시아어는 어디 있습니까? 영어가 아무리 세계어 위치에 올랐다 해도 영어를 못하는 사람들이 절대다수입니다.

무엇보다 우리가 현재 자연스럽게 생각하는 세상이 질서들은 예전부디 자연스러웠던 게 아니고, 자연스럽게 여겨지도록 '만들어졌다'는 점을 기억해야 할 것입니다. 인류의 역사 속에서 힘과 권력을 가진 사람들은 언제나 자신들의 이익에 맞게 세상의 질서를 바꾸려고 노력했습니다. 그리고 그 질서야말로 자연스러운 것이고 올바른 것이라고 믿게 만들었습니다. 노예가 필요한 주인은 노예로 하여금 노예제도가 자연스러운 것이라고 믿게 함으로써 자신의 안락함을 유지할 수 있었습니다. 전쟁을 해야만 부를 축적하고 권력을 유지할 수 있는 왕은 어떻게든 전쟁이란 반드시 치러야만 하는 일로 만들었습니다. 이런 일들은 지금도 역시 일어나고 있습니다. 세계화되는 것이 옳고, 현대화되는 것이 좋은 것이고, 영어를 쓰는 것이 부강해지는 길이며, 경쟁은 인간의 본성이라는 식의 여러 주장들은 자신이 어떤 위치에 있느냐에 따라 옳을 수도 있고 완전히 틀릴 수도 있습니다.

세계화가 전세계를 하나의 획일적인 모습으로 만들어 가는 것에 대해서 우리는 어떤 입장을 취해야 할까요? 어떤 이들에게는 획일적이고 통일된 것이 좋을 수 있습니다. 하나의 단일한 세계, 모두가 같은 말을 하는 국론통합, 갈등이 없는 상태, 모두가 같은 언어를 씀으로써 오는 효율성 등 말입니다. 하지만 그런 상태는 존재하지 않는다고 보는 것이 맞습니다. 불일치가 없는 완벽한 동일성이라는 것은 애초에 없고, 가능하지도 않습니다. 그런 완벽한 동일성을 구현하려 했던 히틀러의 나치스는 여전히 세계인들의 악몽으로 남아 있고, 제국주의와 전체주의를 통해 다른 국가를 자신의 영역으로 통합하거나 다른 말을 하는 사람을 용납하지 않았던 체제들은 내부로부터 붕괴를 맞아 왔습니다. 세계화의 시대는 겉으로는 다양성과 이질성이 자유롭게 어우러진 세계인 것처럼 그려집니다. 하지만 우리가 살펴봤듯 그 밑바닥에는 전세계를 하나의 질서 속에 동일화하려는 욕구가 담겨 있습니다. 미국식 자본주의, 미국식 대중문화, 그리고 영어의 확산과 함께 전지구가 비슷한 방식으로 변해 가는 것이 지금의 세계화입니다. 그 여파로 지구의 자원은 점점 고갈되고 있고, 반대의 목소리들에 대한 탄압이 계속되며, 세계화의 그늘에 있는 이들의 목소리가 들리지 않고, 소수언어들이 죽어 가고, 고유한 문화들이 없어지고 있습니다. 미국식으로 획일화된 가치관이 다양한 문화들을 잠식하고 있는 것입니다.

지금이라도 우리는 다양성이 살아 숨 쉬는 공간을 만드는 데 힘을 쏟아야 할 것입니다. 크게는 우리가 현재 살고 있는 시스템에 대한 비판을 통해 더 나은 대안을 찾는 일에서부터, 작게는 우리 주변의 다양한 소수자들에게 따뜻한 시선을 보내는 일까지 말입니다. 우리 사회를 지배하고 있는 영어에 대한 과도한 동경에 대해서 다시 생각해 보는 일도 그중의 하나일 것입니다. 왜 어려운 영어를 이렇게 열심히 해야 하나? 왜 영어가 학교 입학과 졸업의 중요한 기준이 되어야 하나? 왜 영어를 못한다고 차별받아야 하나? 왜 영어를 잘하는 사람들에게 성공의 기회가 더 주어져야 하나? 가난하기 때문에 영어를 배울 기회를 얻지 못하는 것은 옳은가? 왜 다른 외국어들을 배울 기회는 점점 줄어드는가? 이런 실문을 신지하게 던짐으로써 우리는 영어에 대해 주체적인 자세를 가지도록 노력함과 동시에 나아가 영어의 확산이 한국 사회와 세계에서 어떤 의미를 가지고 있는지까지 다양하게 생각해 볼 수 있을 것입니다.

제가 좋아하는 그룹 '들국화'의 멤버였던 가수 최성원의 노래 중 '색깔'이라는 곡이 있습니다.

초록 색깔이 나는 좋아, 파란 색깔 있기에
주홍 색깔이 나는 좋아, 빨간 색깔 있기에
이 세상 모든 색 한 색깔이면 오, 그건 너무 너무해
빨강 파랑 모두 다 필요 없잖아 오, 그럴 수는 없잖아
슬픔이 여기 있었기에 기쁨 또한 여기에
이별이 여기 있었기에 만남 또한 여기에

그 색깔로만 칠하자고 자꾸 너는 우기고
이 색깔만이 좋다고 자꾸 나도 우기네
도화지 하나에 한 색깔이면 오, 그건 너무 너무해
그러면 도화질 찢어버릴까 오, 그럴 수는 없잖아
슬픔이 여기 있었기에 기쁨 또한 여기에
이별이 여기 있었기에 만남 또한 여기에
빨주노초파남보 우린 모두 무지개
빨주노초파남보 우린 모두 무지개

이 노래의 가사처럼 세상의 모든 색이 한 색깔이면 이 세상은 정말 재미

없고 단순한 곳이 될 것입니다. 울긋불긋 여러 색깔이 모일 때 아름다움이 생기고, 하나의 색깔도 의미가 생길 수 있겠지요. 지금 우리가 사는 세상 역시 마찬가지입니다. 모두가 부자가 될 수 있다고 하는 거짓말이 통하는 사회가 아니라, 가난한 사람도 하나의 색깔이 되어 어울려 살 수 있는 사회가 진정 좋은 세상일 것입니다. 힘이 약하거나, 몸이 불편한 사람들, 나이가 어린 사람들, 지방에 사는 사람들, 성적 취향이 남과 다른 사람들, 외국에서 건너와 힘들게 일하는 사람들, 심지어 우리나라를 강하게 비판하는 사람들까지도 주류와 다르다는 이유로 비난받거나 소외되지 않는 세상이 진짜 좋은 세상일 것입니다. 영어를 잘하는 것과 못하는 것이 인생을 결정하지 않는 세상, 영어를 잘하는 사람은 더욱 잘할 수 있고, 못하는 사람은 잘하는 사람의 도움을 받을 수 있는 세상, 나아가 우리가 영어뿐 아니라 중국어와 독일어, 프랑스어와 일본어도 잘할 수 있는 세상이 좋은 세상일 것입니다. 만약 우리가 오늘 우리를 둘러싼 현실을 무조건 받아들이고 따르는 태도에서 벗어나 이를 비판적으로 바라보고 새로운 물음을 던진다면, 아마 우리는 그런 세상, 여러 색깔이 함께 어우러진 세상을 만드는 데 한 걸음 다가가게 될 것입니다.

5백 년 후에는 모든 아기들이 태어나는 순간부터(어쩌면 잉태되는 순간부터) 영어를 듣게 될까? 후세의 아기들에게 풍요로운 복수언어 생활의 출발점이라면 미리 축하해 줄 일이다. 그러나 영어가 배울 수 있는 유일한 언어가 되어 있는 것이라면 인류가 경험한 가장 큰 지적 재앙일 것이다.

– 데이비드 크리스털, 2002

영어는 누구의 이익에 봉사하는가?

흔히 사람들은 언어가 하나의 도구일 뿐이라고 합니다. 사람들 사이의 의사소통을 가능하게 하고, 정보를 전달하는 수단이라는 거지요. 맞는 말이기도 합니다. 하지만 이렇게 단순하게만 볼 경우 우리는 언어에 얽힌 다른 많은 측면들을 볼 수 없게 됩니다. 언어는 한 인간의 정체성을 형성하는 가장 중요한 요소이고, 세상을 받아들이는 창이며, 무엇보다 권력이 작동하는 통로이기도 합니다. 조지 오웰George Orwell은 소설 『1984』에서 '빅 브라더'로 일컬어지는 감시 권력이 어떤 식으로 언어를 조작하여 사람들의 정신을 지배하는지 소름 끼치게 보여 줍니다. 빅 브라더는 새로운 언어라는 뜻의 '뉴스피크Newspeak'를 통해 "전쟁은 평화다"와 같은 메시지를 사람들에게 지속적으로 주입시킵니다. 이러한 문구에 장시간 반복적으로 노출된 사람들은 어느 순간 '평화'라는 단어를 '전쟁'으로 받아들이게 되고, 전쟁이 지속되는 상황을 '평화'의 상황으로 느끼면서 평온하게 살게 되지요. '빅 브라더'라는 말 역시 자신들을 지배하는 이를 마치 형제brother처럼 느끼게 만드는 또 다른 조작이지요. 이 소설에서의 '뉴스피크'라는 언어는 의사소통 수단이지만 동시에 그 언어를 통제하는 자의 의지가 언어를 쓰는 사람들에게 알게 모르게 스며

드는 통로입니다. 결과적으로 사람들은 빅 브라더가 요구하는 대로 세상을 바라보고 자신의 정체성을 형성하게 되는 거지요. 물론 오웰의 소설은 가상의 미래를 다룬 상상의 산물이지만, 우리의 현실에도 그런 식의 언어 조작은 넘쳐납니다. 예를 들어 '노동의 유연성'이라는 말은 어떤가요? 이 말은 '유연성'이라는 긍정적 의미의 단어를 통해서 노동자를 경영 상황의 변화에 맞춰 마음대로 해고하거나 고용하는 상황을 미화하고 있습니다. '테러리스트'라는 말도 어느 쪽이 쓰느냐에 따라 의미가 달라지고, '불법시위'라는 말 역시 법을 어떻게 해석하느냐에 따라 달라질 수 있으며, '국익'이라는 말도 국가의 이익이 국민 모두의 이익으로 연결되지 않는 현실을 교묘히 가립니다. 요컨대 언어는 도구의 측면과 권력의 측면이라는 이중성을 언제나 함께 가지고 있고, 그것을 제대로 보지 않을 때 우리는 그 언어의 힘에 사로잡혀 현실을 잘못 인식할 수밖에 없습니다.

현재 우리 사회에서 '영어'와 관련되어 나오는 이야기들을 어떻게 볼 것이냐 하는 문제에 대해서도, 이런 언어의 이중성을 인식해야만 비로소 올바른 판단을 내릴 수 있습니다. 우리 사회에서 영어는 언제나 성공, 출세, 경쟁력, 세계화, 정보, 실용이라는 말과 함께 사용됩니다. '영어를 잘해야 성공한다', '영어가 경쟁력이다', '세계화 시대에 영어는 필수다', '영어를 못하면 정보 획득에서 뒤진다', '실제 써먹을 수 있는 실용 영어가 중요하다' 등등의 말은 한번쯤 들어 보셨을 겁니다. 이런 말들에 지속적으로 노출되다 보면 우리는 성공, 경쟁, 세계화, 실용과 같이 모호하고 이중적인, 그러나 우리 사회에서 긍정적으로 사용되는 단어들과 영어를 언제나 연관지어 생각하게 됩니다. 그리고 영어가 정말로 그 모든 것들을 가능케 할 거라는 생각을 하기 쉽습니다. 국제중, 영어몰입교육, 조기 유학 등 현재 우리 사회에서 벌어지고 있는 영어와 관련한 여러 유행과 쏠림현상은 이런 바탕에서 나온 것입니다. 이 과정에서 우리는 너무 많은 것을 놓치고 있습니다. 우선 성공이나 세계화, 경쟁, 실용과 같은 것이 과연 우리에게 가장 중요한 가치인가에 대한 물음이 사라집니다. 경쟁과 실용의 이면에 놓여 있는 우리 삶의 고단함이 보이지 않게 됩니다. 영어를 잘하고 싶어도 열악한 환경 때문에 배울 기회가 없는 사람들이 논의에서 사라집니다. 영어는 하나의 주요한 외국어로서가 아니라 더 나은 학교를 가고 더 좋은 직장에 가기 위한 수단으로서만 남게 됩니다. 영어 외의 다른 외국어들을 배우는 것도 중요하다는 인식이 옅어지고, '외국어'는 무조건 '영어'와 동일시됩니다. 극단적으로는 세계화 시대에 후손들에게 성공할 기회를 주기 위해 한국어 대신 영어를 공용어로 해야 한다는 주장까지 나오게 됩니다. 즉 영어라는 일개 언어가 하나의 물신 fetish이 되어 버림으로써, 우리가 영어를 통제하는 게 아니라 어느 순간 영어가 우리를 지배하는 기이한 상황이 발생하는 것입니다.

이 책은 이러한 문제 의식에서 출발하였습니다. '영어'에 집중하기 전에 언어 전체를 먼저 살펴본 이유는 그 때문입니다. 우리는 지구상에 언어가 나타난 이후 어떤 과정을 거쳐 언어가 사라지고 혹은 득세하게 되었는지를 살펴봤습니다. 소수언어들이 주요 언어들의 힘에 눌려 날마다 사라져 가고, 결국 몇 개의 주요한 언어들만 남고 지구상의 언어가 모두 사라질 수 있다는 예측이 있음을 알았습니다. 언어의 죽음은 자연적인 영향도 있지만 대부분의 경우는 언어 사용자들 사이의 힘 관계에 의해서 나타난다는 것도 살펴봤습니다. 서구의 제국주의가 본격적으로 비서구 세계를 식민지로 만들며 영향력을 떨치기 시작한 이후로 영어 역시 대영 제국의 침략과 지배를 통해 퍼져 갔음을 알게 되었습니다. 제국주의가 사라진 후에도 영어는 영국과 미국의 이익을 위해 교육 원조의 형태로 전세계에 퍼져 갔다는 것 역시 살펴봤습니다. 한국에서 영어가 수용된 역사를 보면서 그것이 애초에 성공과 출세를 위한 목적을 갖고 있음을 알았고, 현재의 영어 열풍 역시 같은 맥락에 있으며 그것이 세계화 과정 에서 더욱 심해지고 있음을 알게 되었습니다. 오늘날 누구도 부정하지 않는 세계화라는 대세가 장밋빛 그림과는 달리 여러 문제점을 낳고 있음 을 살펴봤고, 그것은 사실 미국식으로 세계 전체가 획일화되어 가는 과 정일 수도 있음을 알아봤습니다. 소수언어의 죽음과 영어의 확산은 서로 밀접한 관계에 있고, 세계화 과정은 이를 더욱 가속화시키고 있음을 알 수 있었습니다.

우리가 영어를 세계의 역사와 한국의 현실이라는 큰 그림 속에서 봤을 때, 그것은 단지 성공한 세계화 시대의 언어가 아니라 다른 여러 중요한 문제들을 먹어 치우면서 몸집을 불려 나가는 거대한 공룡처럼 느끼게 됩 니다. '영어를 잘하면 우리는 행복해질까?'라는 이 책의 질문은 그렇게 세상의 다른 언어들을, 우리의 소중한 젊음을, 다른 중요한 문제들을 가 리면서 커나가는 '영어 물신English fetish'을 경계하면서 영어를 다른 시각 으로 보자는 의미가 담겨 있습니다. 영어는 조그마한 섬나라 영국을 빠 져나가는 순간부터 '정복자'였습니다. 영어는 대영제국이 다른 나라와 민족들을 식민화하는 과정을 통해 번져 갔기 때문입니다. 패권국가 미국의 등장으로 영어는 다시 한 번 도약했으며, 이제 정말 '세상의 정복자'로서 손색이 없는 지경에 이르렀습니다.

영어가 세상의 정복자라면 우리 세상의 모습은 어떠할까요? 우리가 영어로 생각하고, 영어로 이야기하고, 영어로 배우고, 영어로 꿈꾸고, 영어로 사랑을 고백하는 세상이 된다면, 그런 세상은 어떤 모습일까요? 우리는 영어로 세상을 보고 영어에 스민 가치관을 받아들이면서 살게 되겠지만 확실히 영어로 표현하지 못하는 한국인의 정서와 감정들을 잃어버릴 것입니다. 김소월의 시가 주는 울림 대신 셰익스피어의 소네트만이 남을 것입니다. 전라도의 구수한 사투리가 없어지면서 미국식, 영국식, 호주식, 한국식 영어가 생길 것입니다. 영어가 세상을 정복하여 온 세상이 영어를 쓰게 되면 우리는 현재 영어가 주는 이익마저도 잃어버릴 것입니다. 세계 각지의 다양한 문화와 경험과 생활 방식에서 발생한 언어들의 생생한 표현들이 사라질 것이고, 영어에서 금기시되는 말들이 전세계의 금기어가 될 것입니다. 영어가 세상을 정복한다는 말은 단지 언어의 문제가 아닙니다. 그것은 영어권 국가가 아닌 다른 모든 나라의 독특한 문화와 세계관이, 영어와 영어가 표현하는 문화에 의해 사라진다는 말입니다. 좀 더 단순화하면, 세계 전체가 미국의 주州로 바뀌는 것이라고 해도 틀리지 않을 것입니다. 이런 세상은 생각만 해도 끔찍하지 않나요?
문제는 '영어가 세상의 정복자라면?'이라는 가정이 완전히 터무니없는 가정이 아닐 수도 있다는 것입니다. 세계 전체를 하나의 단일한 질서 속으로 편입하려는 세계화 과정이 날이 갈수록 확산되고 있기 때문입니다. 단어 하나 속에 권력자의 의지가 숨어 있을 수 있는 것처럼, 영어도 사실은 일개 언어가 아니라 미국 중심의 세계관, 가치관, 의지가 합쳐진 말입니다. 영어가 세상을 정복한다는 것은 곧 미국 중심 질서가 세계화 과정을 통해 전세계에 퍼지고 그 속에서 누구도 자유로울 수 없다는 것을 뜻합니다. 이 책에서 영어를 언어적 측면이 아니라 의도적으로 사회적·역사적·정치적·경제적 측면을 통해 바라보려고 노력한 것은 이 때문입니다. 영어가 세상의 정복자가 되는 것, 즉 미국 중심의 세계화가 세상을 정복하는 것은 세상 전체가 새로운 차원의 식민지로 변하는 것이겠지요. 모두가 식민지라면 식민지가 없는 셈이나 다름없으니 그것은 바람직한 모습일까요?

이런 생각에까지 미치면 우리는 다시 우리를 둘러싼 현실을 새로운 시각으로 바라보아야 함을 깨닫게 될 것입니다. 아마 우리는 이렇게 물을 수 있을 것입니다. '영어는 누구의 이익에 봉사하는가?' 영어를 추상적인 어떤 것이 아니라 구체적으로 누군가에게 이익을 가져다 주는 수단으로 보게 되면 우리는 지금껏 보지 못한 것을 볼 수 있을 것입니다. 아주 간단한 측면에서부터 시작해 봅시다. 영어는 누구의 이익에 봉사합니까? 영어는 영어를 모어로 쓰는 사람들에게 이익을 줄 것입니다. 다른 나라와의 협상도 영어로 하고, 영어교재와 영어시험을 수출해 돈을 벌고, 영어 교육을 제공하면서 돈을 벌고, 영어를 가르치러 나가면 어디서든 환영받으니까요. 영어는 누구의 이익에 봉사합니까? 부모님이 영어권 국가에 살아서 어려서부터 영어를 쓰며 자란 아이들, 부모님이 돈이 많아서 혹은 교육열이 높아서 조기유학을 보내 주어 영어를 현지에서 생생히 배운 아이들, 영어권 국가에서 유학해서 영어를 잘하는 사람들에게 이익을 줄 것입니다. 영어가 성공의 주요한 수단이 된 한국에서 이들은 대접을 받으니까요.

그렇다면 반대로 영어는 누구에게 불리합니까? 영어를 모어로 쓰지 않는 사람들, 현대 문명과 교류해 본 적이 없는 부족들, 영어권 국가에 살아도 영어를 잘 못하는 외국인 노동자들, 가난해서 영어를 배울 기회가 없는 달동네 아이들, 실용 영어의 시대를 살지 않았던 중년과 노년층, 아무리 잘하려고 해도 영어만은 잘 못하는 학생들, 전문가이긴 하지만 영어 실력은 부족해서 국제학회에 나갈 수가 없는 이들이 그들일 겁니다.

영어를 잘해서 이익을 얻는 이들과 영어를 못해서 불리한 사람들의 수 중 어느 쪽이 많은가요? 당연히 영어를 못하는 사람들의 수가 많습니다. 영어를 통해 이익을 얻는 이들과 영어 때문에 불이익을 당하는 사람 중 어느 쪽이 가난할까요? 당연히 영어를 못하는 사람들이 더 가난합니다. 영어를 통해 이익을 얻는 이들과 영어가 불리한 사람 중 어느 쪽이 성공하기 어려울까요? 당연히 영어를 못하는 사람들이 성공하기 어렵습니다.

이렇게 언어로 인한 불평등과 차별이 생기는 것은 나쁜 일 아닙니까? 그런데 왜 세상에서는 영어가 대세가 되어 갈까요? 바로 영어의 확산을 가져오는 세계화가 영어로 이익을 보는 사람들을 위한 것이고, 조건에 상관없이 자유경쟁을 강조하는 세계화의 경제 질서가 불평등과 차별을 정당화하기 때문일 것입니다. 제국주의자들이 자신들의 언어를 잘하는 식민지의 소수 엘리트들에게 이익을 주면서 식민지를 통치했듯, 세계화 시대의 질서 역시 언어를 매개로 한 차별과 불평등을 통해 유지되고 있기 때문입니다. 소수언어와 소수문화야 죽든 말든 경제와 상거래를 위한 주요 언어만 잘 쓰면 된다는 천박하고 위험한 생각 때문입니다. 영어가 모국어가 아닌 나라에서 완전히 영어몰입교육을 하거나 영어를 공용어로